「目標達成」「仕事」「人間関係」「勉強」「お金」「恋愛」に効く！

図解 TPIE®プログラム
コンフォートゾーンの作り方
Comfort Zone

脳機能学者
カーネギーメロン大学博士
Hideto Tomabechi Ph.D.
苫米地英人

フォレスト出版

Prologue

脳科学と心理学の世界的権威たちの頭脳が監修した能力開発プログラムTPIE®とは？

すべての人が持つコンフォートゾーンとは？

本書を手に取っていただき、ありがとうございます。

ここで紹介する能力開発プログラムであるＴＰＩＥ®は、私とルー・タイスが中心となって開発したものです。**ルー・タイスをはじめ、「脳科学」や「心理学」の世界的権威たちが開発したプログラムに、私が最新の研究成果を加えたものになっています。**

つまり、本書で紹介するプログラムは、最新の「脳科学」と「心理学」の成果なのです。**だから、世界のスポーツ界、政財界…などで、圧倒的な結果を出しているのです。**

ところで本書のタイトルにもなっているコンフォートゾーンとはなんでしょうか？

実は、あなたも今、コンフォートゾーンの中で生きています。

もしも、**あなたが年収５００万円なら、あなたのコンフォートゾーンは年収５００万円のところにあるのです。くわしくは後で説明しますが、コンフォートゾーンを年収１億円のところに持っていけば、あなたも年収１億円が可能になるのです。**

つまり、あなたが現状から抜け出すためには、今のコンフォートゾーンを変える必要があるのです。コンフォートゾーンが年収５００万円のうちは、目の前に年収１億円のチャンスがきても、気づくことができないのです。

これは、脳のメカニズムの問題なのです。くわしくはユニット７（68ページ）で説明し

TPIE®プログラム

苫米地英人とルー・タイスが開発した能力開発プログラム。

最新の「脳科学」と「心理学」の成果が反映されており、**「8個の金メダルを獲得したマイケル・フェルプスを指導」「タイガー・ウッズが父から学んでいた」「過去のトラウマが消えた」「人間関係がうまくいくようになった」「年収が 1 億円超えた」「自分に自信が持てるようになった」「やりたいことが見つかった」「転職に成功した」「夢が実現した」「志望校に合格した」**…など、世界中から圧倒的な成果が報告されている。

主な開発監修者

- **米国心理学会の最高権威
アルバート・バンデューラ Ph.D.**
（「自己効力感」「社会的学習理論」を提唱し、心理学、教育学、社会学にも多大な影響を与える）
- **米国心理学者
レオン・フェスティンガー**
（社会心理学を研究し、「認知的不協和理論」を提唱したことでも知られる）
- **マーティン・セリグマン Ph.D.**
（米国心理学会前会長、世界的に知られた「楽観主義」の専門家、人生の幸福を継続させるための「ポジティブ心理学」研究の第一人者）
- **ワイルダー・ペンフィールド Ph.D.**
（近代脳神経外科の偉大なる先駆者、モントリオール神経学研究所創立者）
- **デイビッド・マツモト Ph.D.**
（サンフランシスコ州立大学心理学部教授、「感情研究」の第一人者）
- **ビクター・フランクル Ph.D.**
（オーストリアの精神科医、心理学者、著作多数）
- **グレン・テリル Ph.D.**
（「教育の品質管理」の専門家、難解な心理学の用語を分かりやすい表現に直すことに貢献）
- **ゲーリー・レイサム Ph.D.**
（カナダ心理学会元会長、「組織理論」、「目標設定」の専門家、職業としての心理学貢献賞、科学としての心理学貢献賞の両賞を贈られた唯一の人物）
- **リチャード・グレゴリー Ph.D.**
（視知覚心理学者、英国最初の体験型科学センター「エクスプロラトリ」の創設者、ブリストル大学神経心理学名誉教授）

ます。人はコンフォートゾーンから外れると、落ち着かなくなります。身体がギクシャクし、物にぶつかったり、飲み物をこぼしたりします。要求された事柄を取り違えたり、とんちんかんな受け答えをしたり、雰囲気や状況の変化も読めなくなります。

そして重要なことは、結果が想定よりも高すぎる時も、不安や緊張が生じ、同じような自己抑制メカニズムが働くという点です。たとえば、コンフォートゾーンが年収500万円の人が何かの拍子に年収1000万円になった時、無意識的に仕事でミスを出し、年収500万円に戻ろうとするのです。

つまり、人は、自分が緊張や不安を感じることなく自然に行動できる範囲＝コンフォートゾーンの中に納まるように、無意識のレベルで自己抑制機能を働かせているということです。これは、コンフォートゾーンに制約されている限り、あなたはその範囲の中でしか能力を発揮することができない、ということになります。

なぜ、スポーツにおいてアウェイよりホームが強いのか？

このことは後でも説明していますが、アウェイで敵と対戦するスポーツ選手も、この状態です。サッカーの試合を見てもわかるとおり、コンフォートゾーンから外れた時の選手は、コンフォートゾーンでひたすら訓練したことをその通りに実践することが精一杯で、ホームの試合で見せるひらめきのあるプレーや流麗なプレーはまったく影を潜めてしまい

TPIE®を体験した人の声

ワード・ピクチャー・エモーション（感情）というシンプルな考え方が非常に受け入れやすいものだと実感しています。使いやすく有効なプログラムとしては、本当に秀逸だと思います
（的場つよしさん）

目標を実現させるための最短ルートを見つけだし、
自分への最適化を行う最強プログラム!
（清水クリスさん）

TPIE®を受講したことで、スコトーマが外れ知識欲が増えました。今では自己成長には欠かせないものになっています。TPIE®を受講して人生が劇的に変わってきてます!
（西村維城さん）

自分の夢についていろんなアイデアが出るようになりました
（江崎武さん）

TPIE®は自分が望む通りの未来を手に入れるための
十分なエネルギーと創造的なアイデアを与えてくれる
すばらしい自己啓発プログラムです
（田中勉さん）

抽象から具現へ、実践の証拠をルー・タイス氏、苫米地氏ご本人にあって確かめることができた。TPIE®は21世紀の偉大なるプログラムである
（三重野譲治さん）

…などの声が届いています。

ます。
人間に、コンフォートゾーンが必要ない、というわけではありません。しかし、今のコンフォートゾーンに安住する限り、自分を変えることができないことも事実です。そして、変化がなければ、人が成長することもないのです。

成長し、目標を達成しようと思うなら、変化が必要です。そのためには、慣れ親しんだコンフォートゾーンの外側に、自分にとってなじみのない世界に、足を踏み出し、新しいコンフォートゾーンを広げていかなくてはならないのです。

本書で紹介するＴＰＩＥ®プログラムなら、あなたが望むコンフォートゾーンを手に入れることができるようになるのです。

ドリームキラー

コンフォートゾーン以外に、あなたの能力を制限しているものとしてドリームキラーがあります。それは、あなたの周りにいるドリームキラーたちです。

人はたいていの場合、自らの意思ではなく他人の影響力の下に、不十分な生き方をしています。自分の意思で成長や成功を遠ざけているわけではなく、あなたという人間について語る周囲の人々によって、いつの間にかそうさせられてしまっているのです。

たとえば、学校の先生が進路指導を行う時に、その学生の成績表に基づいて、君はこの大学に進むのがふさわしいとアドバイスします。**それは、あくまで今日までの試験の点数に基づくアドバイスであり、そこに明日からの試験の点数が含まれているはずがありません。**

学生が、私は医者になりたいとか、東大に入りたいとか、成績以上の進路を望めば、学校の先生は「君には無理だ」ということを率直に伝え、現状の評価に合った違う道を教えてくれるわけです。**なぜなら、先生は、その学生の現状を徹底的に冷静に分析し、今の能力で達成できるゴールをあてがうことを目的にしているからです。**

学校の先生だけでなく、両親、あるいは配偶者、良識のある友人や先輩、そうした人々はほとんどの場合、あなたの現在までの能力をきわめて客観的に評価し、妥当と思える意見をいうことでしょう。

実は、そういう人々はすべてドリームキラーです。なぜなら、彼らはすべて今日までの現状をベースに、その延長線上の未来をあなたに進言します。そのようにして現状の延長線上で評価されてしまうと、それはあなたのポテンシャルを低下させるだけでなく、コンフォートゾーンも低下させることになってしまうからです。

大切なことは、自分が望む未来、自分自身が選ぶ未来に、しっかりと焦点を定めることなのです。

TPIE®プログラムで、あなたの本当の能力を発揮し理想の未来を手に入れてください。

Contents

Unit 1

TPIE®の世界へ

タイス・プリンシプル・イン・
エクセレンス（TPIE®）とは何か

元祖コーチ

フットボールのコーチだったルー・タイスが、**アマチュア選手たち及びプロチームのメンタル強化法をビジネスマンと企業組織に適用し、人材の育成や企業の成長に目ざましい成果を上げるようになった**のは、かれこれ40年前のことになります。

1990年代になると、コーチング・ビジネスが爆発的に普及し、タイスの弟子や孫弟子たちがコーチングスクールをあちこちで設立したことから、さまざまなコーチングのプログラムが乱立するようになりました。

こうしたビジネス上の競争は、プログラムの差別化をうながす一方、コーチングを受ける人と企業の目標達成のために、さまざまな心理操作手法を取り入れる一種の流行を生みました。実はこれが、現在のコーチングに誤解と混乱を及ぼしています。

人の脳機能を正しく理解することなしに、心理操作テクニックなどを安易に取り入れた結果、コーチングを受ける人や組織の目標達成を、むしろ困難にしてしまうような状況が生まれたのです。

ルー・タイスが一般向けに教えているプログラムは、言語に重きを置いたプログラムです。その核心テクニックはアファメーションと言えます。

ルー・タイスの方法論が注目されるようになると、アファメーションを「暗示」と誤解する人が増え、暗示や催眠を使った亜流の自己変革の方法が世の中に登場します。

しかし、**これは決定的な間違いなのです。**

ルー・タイス・プログラムの特徴

- **ルー・タイスのプログラムでは、ゴールの設定がすべて**
- **そのゴールの世界をリアルに感じることができるようになるのでゴールの世界が現実になる！**

ポイント

この時、アファメーションを、ゴール世界の臨場感を上げる道具として使います。

アファメーションを使うことによって、ゴールの世界を強くリアルに感じることができるようになるので、ゴール達成の１つのカギになります。

タバコはおいしい

暗示とは、そうではないとわかっていることを「そうだ」と思い込ませる技術です。

二十数年前、催眠の大家に催眠を学んでいた時代に、私も自分に暗示をかけてタバコをやめた経験があります。

自分にタバコを吸ったら気持ちが悪くなるという暗示をかけると、本当にタバコを見ただけで気持ちが悪くなり、それはもう一撃でタバコを止めることになりました。

しかし、私自身は、相変わらずタバコはおいしいとわかっているわけです。このアンビバレント（相反する感情が同時に存在する）な気分がおわかりになるでしょうか。

自己実現プログラムなどでよく見られるのは、暗示や催眠を使って、現実には貧乏であるのに、私は大金持ちだと思い込ませる方法です。

しかし、こうした暗示が一時的に効果をもたらしたとしても、その思い込みがその人のゴール達成を可能にするかと言えば、決してそうではないのです。

なぜなら、**暗示や催眠でできることは、具体的なゴール達成とは無関係**だからです。

自分が有能だと思い込むことに成功したとして、それが具体的なゴールにつながらなければ、いったいどれほどの意味があるといえるでしょうか。

ポジティブな思考になったからといって、その人が具体的な成果を示すことができなければ、単にそれだけの話で終わってしまうのです。

アファメーションと暗示の違い

・もともと、ルー・タイスのコーチング理論は言語に重きを置いたプログラム

・1990 年代になるとコーチング・ビジネスが爆発的に普及、ルー・タイスの弟子や孫弟子がコーチングスクールをあちこちで設立。

そのため

●アファメーションを暗示と誤解する人が増える
●暗示や催眠を使った自己改革の方法が登場

しかし、暗示や催眠でできることは、
具体的なゴール設定とは無関係

ポイント

暗示や催眠を使っても目標は達成できません。

たとえば、「私はお金持ちだ」などの、暗示が一時的に効果を出しても、その思い込みがゴールを達成させることはできないからです。

有能なビジネスマン（経営者）として、具体的に何をするかということがわからないからです。

ゴールの世界の臨場感

それに対して、ルー・タイス・プログラムでは、ゴールの設定がすべてであると言えます。そして、ルー・タイス・プリンシプルの核心は、その**ゴールの世界を強くリアルに感じるとゴールの世界が現実になる**、というものです。

この時、アファメーションは、ゴールの世界の臨場感を上げる道具として使われます。**アファメーションというテクニックを使うことによって、ゴールの世界を強くリアルに感じるようにする**ということです。

そもそもゴールというものは、臨場感が高くて初めて選ばれるものです。

ゴールを強く意識し、リアルに感じている人は、今の自分のゲシュタルトとゴールの世界のゲシュタルトと、最低２つのゲシュタルトを持っています。

ゲシュタルトとは、人間の精神の全体性を持ったまとまりのある構造、つまり統合的な人格のことです。

人は潜在的には、複数のゲシュタルトを持つことができます。ただし、臨場感を持つ（顕在化《けんざいか》する）、ホメオスタシスを維持できるゲシュタルトは同時に１つだけです。

バイリンガルの人は、英語を話す時と英語を話していない時では人格が異なります。また、多重人格障害の人は、5人10人、あるいはそれ以上の人格を持ちます。

しかし、表に出てくる統合的な人格はつねに１つです。同時に複数の人格が出てくることはありません。

ゲシュタルトとは？

ゲシュタルトとは？

ゲシュタルトとは、人間の精神の全体性を持ったまとまりのある構造、つまり統合的な人格のこと。

人間は潜在的には、複数のゲシュタルトを持つことができる。

ただし、臨場感を持つ、ホメオスタシスを維持できるゲシュタルトは同時に１つだけ。

具体的なゴールに臨場感を持つ人は、
ゴールの世界のゲシュタルトと今のゲシュタルトのどちらかが自我に選ばれ表に出る！

例

バイリンガルの人は、英語を話す時と話していない時とでは人格が変わります。

しかし、表に出ている人格はつねに１つです。

同時に複数の人格が出てくることはありません。

だから、具体的なゴールに臨場感を持つ人は、ゴールの世界のゲシュタルトと自分の今のゲシュタルトと、どちらか1つが自我により選ばれ、表に出ることになります。

ゲシュタルトは、より臨場感の高い方が選ばれるのがセオリーですから、ゴールの世界を現在の自分よりも強くリアルに感じていなくては、ゴールの世界のゲシュタルトは顕在化してきません。

ゴールのゲシュタルトが表に出てこなければ、ゴールの世界が実現することもなくなります。

逆に、ゴールの世界の臨場感が現状よりも強ければ、ゴールのゲシュタルトが顕在化し、その結果、ゴールの世界が実現していくことになります。

つまり、ゴールの世界のゲシュタルトが選ばれるようにゴールの世界の臨場感を上げることができれば、自然にゴールの達成へと進むことができます。

たとえば、「現在のゲシュタルト＝年収500万円の私」で、「ゴールの世界のゲシュタルト＝年収1億円の私」だった場合、ゴールの臨場感が現在よりも強ければ、年収1億円は達成されることになります。

その時の中心技術が、アファメーションなのです。

変性意識

もちろん、ゴールの世界の臨場感を上げるアファメーションもまた、内部表現の書き換えの技術であり、変性意識の技術であることに変わりありません。

ゴール達成のメカニズム

ゲシュタルトはより臨場感が高い方が選ばれる

ゴールの世界のゲシュタルトを現在の自分よりも強くリアルに感じればゴールを達成することができる

ゴールの世界のゲシュタルトの臨場感が強ければ…

ゴール（年収1億円）は達成される！

ポイント

ゴールの世界のゲシュタルトには、ゴールのために何をすればよいのかがわかっています。
そこで、ゴールの世界の臨場感を上げることができれば、ゴールのゲシュタルトが選ばれ、自然にゴールを達成することができるのです。

たしかに、一昔前まで内部表現を書き換える技術としては、「変性意識を生成し、催眠をかけ、暗示をかける」という言い方をしていました。

変性意識とは、英語でオルタード・ステーツ・オブ・コンシャスネスであり、意識が変性した状態と解釈されますが、実は、これは人間の無意識が解明されていないころの用語です。

たとえば、映画を見たり、小説の世界に没頭したりしている時が変性意識であり、物理世界に臨場感がある時は変性意識ではないという説明が過去には可能でした。

しかし、**認知科学が誕生して以来、そういう解釈が間違いである**ことがはっきりしてきました。

認知科学による最新の定義で言えば、臨場感が物理的現実世界に１００％ある時のみが変性意識でない状態である、ということになります。これでは変性意識でない状態の人は、お釈迦様だけになってしまうのです。

その理由を述べる前に、**ＲＡＳ（網様体賦活系）**と**スコトーマ**のことを説明しておく必要があるでしょう。

ＲＡＳというのは、人の脳の活性化ネットワークのことで、毎秒毎秒五感に入ってくる大量のメッセージの中のどれを意識するかを決定する役割を果たすものです。いわば私たちが受け取る情報のフィルターとして、情報の取捨選択を行っています。

スコトーマとは、盲点のことです。私たちは身の周りの情報をすべて理解しているかのように感じていますが、実はスコトーマによって隠されていることがたくさんあります。

内部表現と変性意識

内部表現とは？

内部表現とは、あなたが見ている世界そのもの。
目に見える風景、恋人など、脳というフィルターを通して認識しているもののこと。
物理レベルの情報だけでなく、概念や感情などの心理レベルの情報も含まれる。

変性意識とは？

変性意識とは、意識が変性した状態であり、
たとえば、映画を見たり、小説の世界に没頭している時など。
物理世界に臨場感がある時は、変性意識ではないという説明が過去には可能だったが、認知科学が誕生して以来、それが間違いだとわかった。

なぜ私たちにスコトーマがあるかといえば、それはＲＡＳがあるからなのです。私たちの脳がＲＡＳによるフィルターを通して現実世界を認識している限り、その認識にはスコトーマがあり、現実世界をそのまま認識している人は1人もいないのです。

だから、目の前にあるものが見えなかったり、ないものが見えたり、ということが起こります。

では、ＲＡＳというフィルターを通して現実世界を認識している人間にとって、リアリティーとは何でしょうか。

それは、過去の記憶によって成り立っているものにほかなりません。**昨日までの自分が過去に受けた強い情動記憶によって、今日の現実世界が目の前に広がっているのです。**

言うまでもなく、昨日までの記憶は、人によってぜんぜん違っています。

つまり、人はそれぞれスコトーマとＲＡＳを持ち、**その結果として同じ物理世界を見ている他人は誰もいないということなのです。**

ふつうの生身の人間である限り、お釈迦様になることはどだい無理な話です。ということは、ふつうに生きている人は全員、ＲＡＳが存在し、スコトーマがあり、物理的現実世界を見ていないということになります。

これが何を意味するかと言えば、私たちは全員、変性意識の状態にあるということです。そのため現代では、変性意識という言葉自体にとりたてて大きな意味もなくなりつつあります。

この点からも、暗示や伝統的な催眠がきわめて限られた変性意識を引き起こす道具であって、**コーチングの道具としてはあまり役**

RASとスコトーマとは？

RASとは？

脳の活性化ネットワークで毎秒五感に入ってくる大量のメッセージの中でどれを意識するかを決定する。

スコトーマとは？

盲点のこと。私たちは身の周りの情報を認識しているかのように感じているが、実はスコトーマのせいで隠されている。

ポイント

RASがあるから、目の前にあるものが見えなかったり、ないものが見えたりということが起こります

に立たないことがわかります。

まったく新しいプログラム

TPIE®（タイス・プリンシプル・イン・エクセレンス）はルー・タイスと私がつくった新しいコーチング・プログラムです。

ビジネス・コーチング・プログラムとして過去に展開してきたIIE（インベストメント・イン・エクセレンス）の新バージョンと受け止められるかもしれませんが違います。

TPIE®をつくるにあたっては、**脳科学や認知科学の新しい成果をふんだんに取り入れました。**

プログラムをまったく新しくした目的は、ビジネス・コーチング・プログラムの決定版として広く認識してもらうためです。

具体的に言えば、アファメーションを日々の暗示と受け取って暗示や伝統的な催眠テクニックを応用しようとする誤解を一挙に氷解させ、同時にプロのコーチたちが「テクニックの迷路」に迷い込まないようにすることです。

TPIE®を習得すれば、ビジネス・コーチングを行ううえで、もはやほかのプログラムや技術を習得する必要はありません。もちろん、暗示や催眠のかけ方などのテクニックも、いっさい必要がなくなります。

ルー・タイスが始めたコーチングは、きわめて科学的な方法です。

彼は四十数年前から、その時々の心理学の最新の成果を取り入れてきました。

プログラムにしても、**アメリカのトップクラスの心理学者たちと組み、つねに新しいものに更新しています。**

Unit2

スコトーマとRAS
リアリティーを見えなくするもの

あなたは、あなたが現在まで
重要だと思っている物事しか
見ることができません。

脳の情報処理能力は大したことない！

かつて究極のコンピューターと考えられていた人の脳は、脳機能の研究が進むにつれ、実はそのままでは大した情報処理能力を持っていないことがわかってきました。

ただし、脳がすごいところは、大した働きを持っているように見せかけるのが非常に上手な器官であるという点です。

私自身がいろいろ研究してきたことの結論を言えば、私たちが今見ている世界は過去の記憶によって成り立っているということです。

つまり、私たちは、昨日見たものを、今日は見ないのです。

その理由は、脳の情報処理能力にあります。過去に見たものを、今わざわざ全部認識するとしたら、脳の情報処理がとうてい追いついていかないのです。

その代わりに、脳は私たちを、昨日見たものを今日も見たという気にさせます。

見た気にさせるというと、過去の情報が記憶に全部入っていて、それをリアルタイムで海馬が引っ張り出して意識に貼りつけるのだろうと誤解されそうですが、実は、脳は情報を引っ張り出すことさえしません。

つまり、**脳は「知ってるよ」と自分をダマすのが得意**な器官なのです。

脳が本気で働くと餓死する！

同様に、脳は「俺はすごいんだ」と思わせるのがうまく、実際は大した情報処理を行っているわけではありません。

脳の情報処理能力

脳は手抜き器官。脳は実はそのままでは大した情報処理能力を持っていないことがわかってきた

↓ ただし

- 脳は、大した働きを持っているように見せかけるのが上手
- 脳は、人間に昨日見たものを今日も見たという気にさせる

つまり → 脳は、俺はすごいんだと思わせるのが上手い！

ポイント

なぜなら、脳がフル回転すれば、その瞬間に餓死するほどのエネルギーを消費してしまい、脳そのものに深刻なダメージとして跳ね返ってくるからです。だから、脳は手抜きをしています。

もっとも、脳がぜんぜん大した働きをしない器官だと考えるのは間違いです。情報処理も、脳が本気でそれをやるとしたら、たいへんな能力を発揮するでしょう。

しかし、困ったことに、もし脳が本気で働いたとすると、私たちは餓死してしまいます。脳は人の身体の中で最もエネルギーを必要とする器官であり、それが**フル回転すれば、その瞬間に本人が餓死するほどのエネルギーを消費してしまう**のです。

こうした事情を考えれば、過去に見たものを見ないにもかかわらず、脳が「見ているよ」と自分をダマすのも、生命の危険を回避する手抜きであるに違いありません。

脳が手抜き器官であることが、実はRASのカラクリそのものです。

カクテル・パーティーを例にしましょう。

見知った仲間がグループになって談笑する大規模なスタンディング・パーティーのことです。

人間は、見ず知らずの人とは距離がくっついてもあまり気になりません。ところが、見知った仲間だと、その相手とは自分にとって違和感のない距離を保とうとします。

自分が会話している相手とは距離を保つ一方、見ず知らずの隣のグループとはほとんど距離がありません。当然、自分が会話している相手の声よりも隣のグループの話し声の方が大きく聞こえているはずです。

仮に、会話の相手と1メートルの距離、見ず知らずの隣人と20センチの距離だとすれば、音量を表すデシベルは距離の2乗で下がっていきますから、隣の関係のない人の声の方が自分の会話の相手よりも25倍大きいのです。

ＲＡＳの働きを示す例

カクテル・パーティー効果の例

電車に同乗したビジネスマン２人組は、必ず一定の空間を確保しているが、満員電車の中で隣り合わせの見ず知らずの人と背中がくっついても気にならない

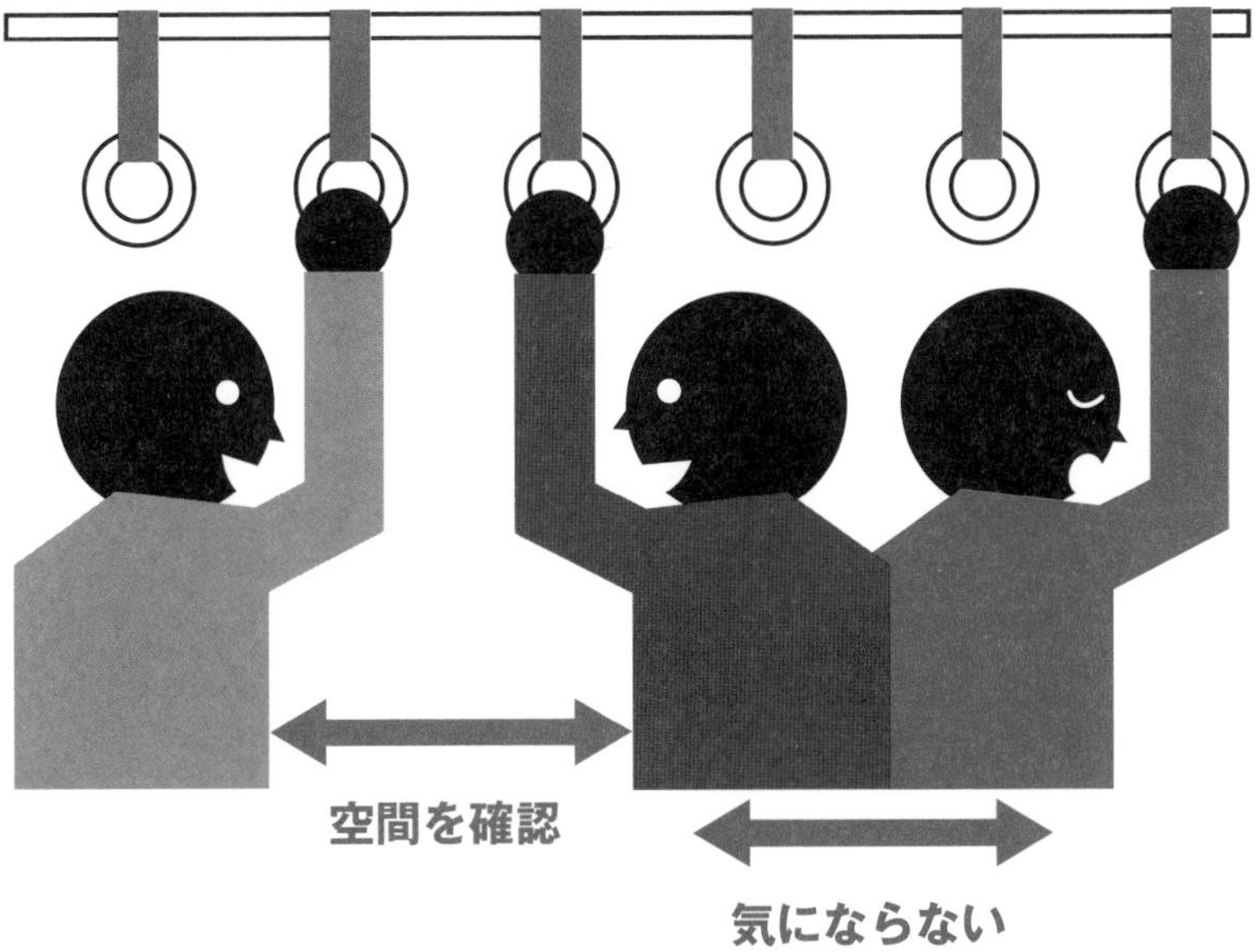

しかし本人には隣の人の声は聞こえず、1メートル先の相手の声が聞こえています。

なぜなら、**人の脳がその時重要でないと思った情報を遮断するから**なのです。**これがカクテル・パーティー効果です。**つまり、これがRASなのです。

このRASの結果をスコトーマと言うわけです。スコトーマは、もともと眼科の用語で盲点を意味するものです。ここで言うスコトーマとは、視覚情報だけでなく、聴覚情報や触覚情報など、全感覚情報を含んでいます。

もちろん、RASがあるからこそ、人間は正しく行動することができます。

重要な情報を見ない、聞かない、感じないというシステムがあるからこそ、私たちは正常な意識状態を保つことができるのです。

たとえば、隣の人の声が気になって目の前の相手と会話ができなくなることもありませんし、ベッドの感触が気になって夜眠れなくなることもありません。

そうならないように、脳が重要ではないと判断した瞬間に、それが見えなくなり、聞こえなくなり、感じなくなり、脳が無理やり盲点をつくり出してくれるわけです。

脳は見たいものしか見ない！

さて、私たちは、RASによってでき上がった世界にいます。ということは、私たちの目の前にある世界は、自分の脳が重要だと判断した情報だけで成り立っています。

では、脳が何を重要だと判断するのかといえば、「昨日までの自分が重要だと判断していたもの」を重要だと判断するのです。

RASの効果

**私たちの世界は、
自分の脳が重要だと判断した
情報だけで成り立っている！**

なぜなら、

①今見ているものは、本当に見ているわけではなく、見ているつもりになっているから

②見ているつもりになっている世界は、視覚、聴覚などすべての感覚の記憶を利用することで成り立っているから

③何を見るかということそのものは、昨日までの自分の判断によって決められるから

ポイント

私たちは、RAS によってでき上がった世界にいる！

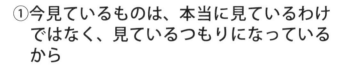

つまり、結果としての目の前の世界は、昨日までの自分が重要だと判断した情報のみで成り立っているということです。

これがまさに、あなたのリアリティーがRASとスコトーマによって限定されていることのカラクリなのです。

したがって、自分と自分のマインドを変えていかない限り、あなたの脳には昨日、昨年といった過去において重要だった情報か、その延長として今の瞬間に重要な情報しか認識されることはありません。

そこで、**まずはゴールの設定が非常に重要**になってきます。

今の自分のコンフォートゾーンの外側にゴールを設定し、そのゴールに自分自身で責任を持って臨み、それをリアリティーとして自分のものにしていくのです。

するとRASがオープンになり、ゴールを達成するための情報が次々に脳に飛び込んできます。

卑近な例をあげれば、人は新しいテレビを買おうと決めたとたん、テレビの広告などで流されているさまざまな情報が目に入るようになります。

テレビを買おうという気持ちがなかった時は、スコトーマがかかって、記事にも気がつきません。このように、何か新しい目標を設定すると、私たちのマインドを支配している今現在のリアリティーが変わり、スコトーマが外れます。

さらにゴールの世界のリアリティーを強めていくことで、今まで見えなかったゴール達成の方法が、当たり前のこととして見えてくるのです。

RASをオープンにすると…

テレビを買うと決めたとたん、
さまざまな情報が飛び込んでくる！

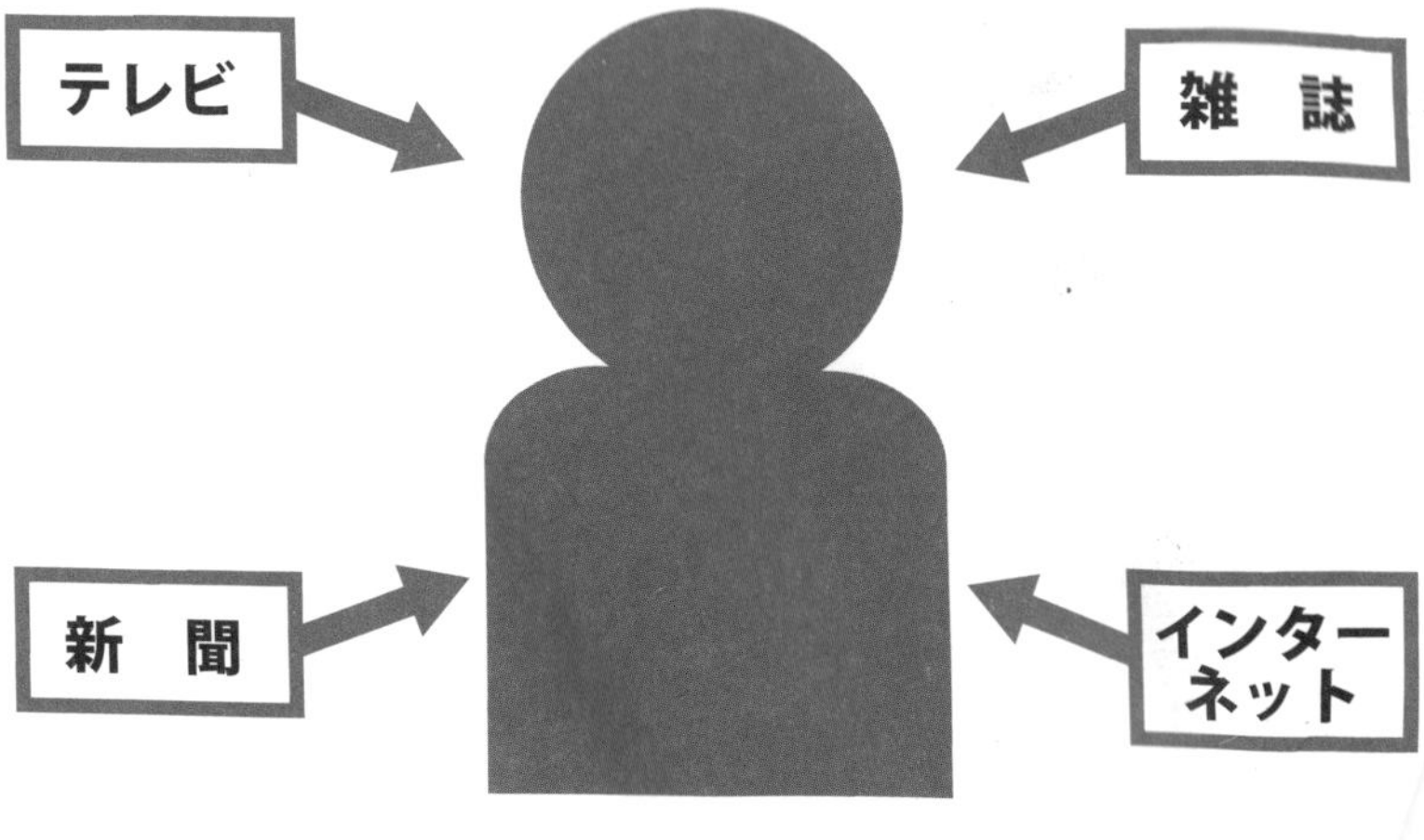

※スコトーマが外れたら、テレビの情報が、いろいろなところから入ってくる

Unit 3

情動記憶があなたをつくる

情動記憶があなたにとって何が重要かを
決めています。
あなたのハビットとアティテュードは、
情動記憶によってつくられています。
同様に、あなたのブリーフも情動記憶に
基づいて形成されています。

人間にとって意味を持つ過去

何が重要な情報かを決めるのは自分の過去であるということをユニット2で述べましたが、ここでいう自分の過去とは何でしょうか。

人間にとって意味を持つ過去は、それを意識しているかいないかにかかわらず、おしなべて強い情動をともなった過去です。その記憶は、情動記憶と呼ばれます。

つまり、**情動記憶があなたにとって何が重要かをつねに決定しているの**です。あなたが持つハビットやアティテュードも同じです。

ハビットとは、一般に習慣と訳されます。ただ、ここではもう少し広い意味を持つ言葉として使っています。たとえば、ふだんついこうしてしまう癖などもハビットに含まれます。毎日の日常の中で、当たり前のように無意識で行うことすべてを指しています。

一方のアティテュードは、態度というよりも、行動の性向であり、日常の無意識の選択のことです。

たとえば、毎朝、当たり前のようにコーヒーを飲むのはハビット。「コーヒーにしますか、紅茶にしますか?」と尋ねられて、「コーヒー」を選ぶことがアティテュードです。

こうした**ハビットとアティテュードも、実は情動記憶によって決められています。**

つまり、情動記憶は、ハビットとアティテュードという日常の無意識の行為と、ものの見方、考え方との両方を決めています。

言い換えれば、私たちの自我の行動を制約しているものは情動記憶である、ということなのです。

ハビットとアティテュード

ハビット

ハビットは、一般に習慣と訳される。

当たり前のように無意識で行うことすべてを指す。

ふだん、ついこうしてしまう癖なども含む。

アティテュード

アティテュードは、行動の性向で、日常の無意識の選択のこと。

たとえば、毎朝、当たり前のようにコーヒーを飲むのはハビット。

「コーヒーにしますか、紅茶にしますか？」と聞かれて、「コーヒー」を選ぶことがアティテュード

ハビットとアティテュードを変えることなしにゴールを設定しても、何をすればいいのかわからず、ゴールをあきらめることになる

情動記憶とは？

　では、情動記憶とはどのような記憶でしょうか。

　情動記憶とは、**強い感情をともなった出来事の記憶**です。失敗の記憶など、悪いことだけを取り上げて考えられがちですが、幼いころの成功体験など良い情動記憶もあります。

　たとえば、子どものころにレストランで騒いで怒られた人は、レストランで騒いではいけないという情動記憶が残ります。怒られる体験は強い感情をともないますから、これは当然のことでしょう。逆に、レストランでおとなしくしていて褒められた経験を持つ人も同様です。

　このようにして刻まれた、レストランで騒ぐことは嫌だ、もしくはレストランで騒がないことはいいことだという**情動記憶によって、行動の性向なりブリーフ・システムなりが生まれます**。

　つまり、レストランでよく怒られた人や、よく褒められた人は、いずれはレストランに行った時は静かにする人になり、それがまさに日常における無意識の行動と無意識の選択、ハビットとアティテュードになるわけです。

　レストランに行った時静かにすること自体に、良い悪いという価値判断はありません。しかし、私はむしろ、子どものころに刻まれたこの手の情動記憶は問題であると考えています。

　なぜなら、3歳や4歳の子どもがレストランなどで騒ぐのは当たり前のことで、レストランで騒げない、つまり人前で騒ぐことがで

情動記憶が、あなたにとって何が重要かを決定している！

情動記憶とは、
強い感情をともなった出来事の記憶

・失敗の記憶
・幼いころの成功体験の記憶
・痛かった記憶
・苦しかった記憶
…などがある。

たとえば、子どものころレストランで騒いで怒られた人は、レストランでは騒いではいけないという情動記憶が残る

↓

情動記憶が、あなたの行動をしばっている！

きない大人からは、オバマ大統領のような人物は生まれません。

あるいは、リーダーや主役をつくることができないということになってしまいます。

したがって、子どものころ怒られたり褒められたりした情動記憶が本人にとっていいか悪いかの判断は、社会の状況や自分のゴールによってどちらにも転ぶものなのです。

実は、ここが大切なポイントなのですが、**過去の出来事の情動記憶がつくりあげるハビット、アティテュードが自分のゴールと合致したものであるか否かについては、何の保証もない**ということです。

成功を邪魔する情動記憶

ほとんどの人は、**良い結果を生み出すことを妨《さまた》げるようなハビットとアティテュードを驚くほどたくさん持っている**と言えます。真に有能な人物になることを邪魔する情動記憶がマインドに根づいているということです。

たとえば、音楽、仕事、食べ物、人間関係、どのようなものに対しても、あなたは自分が心地良いと思う方向に動きます。

しかし、心地良いというのは、ポジティブに動くということだけを意味していません。

情動記憶によって、感情レベルで痛いだろう、恥ずかしい思いをするだろう、傷つくだろうといった情報を知覚すると、**あなたは無意識のうちにそれを拒絶します。**

自分にとって居心地が良い状態を維持しようとするホメオスタシスが働いて、その状況から逃れるでしょう。結果に対してネガティブな感情を持つあなたにとって、その方が心地の良い状況だからです。

したがって、私たちは、このような無意識の行動や選択を変える必要があります。

だからハビットとアティテュードを変えることなしにゴールを設定しても、**何をすればいいのかわからないまま、ゴールをあきらめることになってしまいます。**

このようなハビット、アティテュードとゴールの関係を紹介すると、決まって生じる次のような誤解があります。

それは、退行催眠やトラウマ治療、過去の情動に対するリフレーミング、あるいは過去の情動に対する感受性を下げるディスセンセタイゼーションのような方法を使ったらいいのではないかというものです。

過去の情動記憶がゴールの達成にマイナスに作用するのであれば、その情動記憶に働きかけ、過去を細工すればいいというわけです。

しかし、これは非常に大きな間違いといわなければなりません。

なぜなら、退行催眠をはじめとする過去の情動記憶に対する働きかけは、トラウマを悪化させるなど、たいへん大きなリスクをともないます。しかも、仮に効果をもたらしたとしても、それがゴールと合致する結果を生むかは関係ありません。

何よりも、**過去の情動記憶に細工をする最高の方法は未来に対する働きかけである、**という重要な事実を見逃しています。

もちろん、コーチは精神科医でも、臨床心理士でもありません。

Unit4

人は過去に生きている

あなたは過去の中に生きています。
あなたの目の前の世界、そしてその延長線上としての
未来(＝ステータスクオ)は、すべて過去の情動によって
決められています。あなたの目の前の世界は、
ＲＡＳによって許容された過去の経験に基づく
情報にすぎません。今日という日は、
昨日のままであるということです。

あなたは過去の中で生きている！

私たちは、過去の中に生きています。なぜならば、目の前の現実とその延長線上としての未来は、すべて過去の情動記憶が重要だと決めたものだからです。

私たちは、情動記憶が重要だと決めたものしか、RASのフィルターによって受け取ることができません。そうでないものは、スコトーマによって隠されてしまうのです。

ということは、今日という日は昨日の延長であり、あなたは現在、過去に生きているということになります。今日が昨日と同じであるならば、明日は必要ないはずです。

私たちが明日を必要とするためには、まず、日々自分の目の前に見える、自分自身の現実世界について、1つひとつどういう情動記憶がかかわって、それを自分に見えるようにしているのか考え、判断することが重要です。

たとえば、ルー・タイスの講演会でよく行うことは、今見えている赤いものを全部、列挙してくださいという方法です。

そう言われても、赤いものがそんなにたくさんあるとは思えないのですが、会場の人が列挙した赤いものは意外なほど多く、それぞれに見えている赤いものにかなりの違いがあることに気づかされます。

これは、**人が自分の情動記憶に結びついているものしか見ていないから**です。

TPIE®では、実際に自分が今目の前に見ている世界と、隣の人が見ている世界が違うということをよく学ぶことが重要です。そして、自分に見えていないものがあったら、

人は過去の中で生きている

私たちは過去の記憶の中で生きている

なぜなら、目の前の現実とその延長線上としての未来は、すべて過去の情動記憶が決めたものだから

つまり

私たちは、情動記憶が重要だと決めたものしかRASのフィルターによって受け取ることができない

ポイント

理想の自分をつくるためには、日々の自分の目の前に見える、自分自身の現実世界について、１つひとつどういう情動記憶がかかわって、それを自分に見えるようにしているかを考え、判断することが重要です。

なぜそれが見えていないのかという理由を探すことが大切なのです。

現実世界は記憶によってつくられている！

現実とは、マインドの内側の問題でしょうか、それとも外側の問題でしょうか。

人は、現実とは私たちの外側に広がっている物理的現実世界だと考えがちです。

しかし、認知科学の誕生によって、その物理的現実世界も、実は自分の記憶が生み出しているにすぎないとわかった、ということはすでに紹介した通りです。誰しも経験があると思いますが、マインドが変われば違った物理的現実世界が見えてくるということです。

あなたのマインドの内側にあるリアリティーの質と、外側にある仕事、結婚生活、富、人生とは密接な関係を持っています。

あなたの**マインドにあるリアリティーを変えることによって、自分の人生を変え、達成したいゴールの世界を真に実現することができる**ということです。

認知的不協和

心理学に、認知的不協和という言葉があります。

これは、**人が認知している自分の内側の現実と外側の現実に矛盾が生じた時に、その不協和を解決しようとする心の作用のこと**です。

人間は、混乱なしに2つの対立する事柄をブリーフとして持つことはできません。ゲシュタルトは1つしか維持できないからです。自分の内側の現実と外側の現実が合わな

認知的不協和によって起こること

認知的不協和とは？

認知的不協和とは、人が認知している自分の内側の現実と外側の現実に矛盾が生じた時に、その不協和を解決しようとする心理状態。

人間はゲシュタルトを１つしか維持できず、２つの対立する事柄をブリーフとして持つことができない

例

目の前のテーブルの上に財布があるのに、「財布がない！」とあわてる光景がよくあります。

これは、「大変だ、財布がない！」という強烈な思いがリアリティーになり、目の前の財布が見えなくなるからです。

財布がないという内側の現実に、外側の現実を合わせてしまうから起こる認知的不協和の典型例です。

くなると、どちらか一方に合わせてリアリティーをつくり変えてしまうのです。

たとえば、目の前のテーブルの上に財布があるのに、「財布をなくした」と思い、あわてた経験はないでしょうか。

「たいへんだ！財布がない！」という強烈な思いがリアリティーになると、それが目の前にあっても見えなくなります。

自分の中のリアリティーによって、スコトーマが生み出されます。財布がないという内側の現実に、外側の現実を合わせるわけです。

同様のことは、仕事においても日常的に起こっています。

「仕事は嫌だ」「5時まで我慢すれば、後は自分の楽しい時間だ」という言葉を自分に対して繰り返し語っている人は、仕事を苦痛に感じるものしか見えなくなります。会社や職場で、喜びにつながる物事に気がつかない状況が生まれるのです。

なぜなら、そのように設定されたマインドがスコトーマを生み、その設定から外れた情報を見えなくさせるからです。このような人は、周囲に対しても、ネガティブなリアリティーを形成するように働きかけてしまいます。

とすれば、マインドの内側にある今の現実を変えることによって、マインドの外側の現実も変わることになります。

つまり、「未来のゴールの世界のリアリティー」を「今ある現実のリアリティー」よりも高めることによって、あなたが感じる不協和が、ゴールの世界を達成するように導いてくれるということです。

ゴールの達成を導くには？

●マインドの内側にある今の現実を変える！

↓ すると

●マインドの外側の現実も変わる！

↓

ゴールの世界を達成できる！

ポイント

未来のゴールの世界のリアリティーを今ある現実のリアリティーより高めれば、不協和が、ゴールの世界を達成するように導いてくれます。

マインドの形成

人間は無意識のレベルで、同じ意見の人を求め、探す一方、自分の意見に反対したり、同意しない人を避けるのがつねです。

たとえば、愛し合って結婚した夫婦が、最初のうちこそ「あなたは立派よ」「いや、お前こそよくやってくれてるよ」と言い合っていたとしても、そのうちに正反対の真実を見て、「あなたが、そんなズボラだとは思わなかったわ」「お前こそ、何もできないくせに」とケンカをするのはよくあることです。

夫は、仕事帰りに飲み屋に寄り、同じような境遇の仲間と「うちも、そうだよ」「女房には参ったよ」などとぼやきます。もちろん、「いや、奥さんは悪くないよ。悪いのはあなたの方だ」という人がいたら、その人とは決して話をしようとはしないでしょう。

夫婦関係を改善するためには、昨日までと違う何かをしなくてはならないはずですが、それを考え実行することなど、ふつうは眼中にありません。

その結果、**マインドを変えない限り、過去が決めた自分の意見や考え方は毎日コピーされ、強化されることになります。**

もちろん、それとともにＲＡＳとスコトーマもますます強化されていきます。冷え冷えとした夫婦関係にまっしぐらということです。

そこで、自分のマインドに誰が影響を与えるのか、誰の話に耳を傾けるのかという点は、よくよく注意しなくてはなりません。

仕事への取り組み方や人に対する見方、自分自身の将来などの事柄について、他人があ

なたに与える情報をそのまま受け入れてはいけないということです。

自分のマインド形成は、自分自身で行うことが大切です。他人に委ねてはいけません。

ましてや、コンフォートゾーンを引きずり降ろそうとする人（ドリームキラーと言います）、偏見を持った人、危険な考え方を持った人に、自分のマインドや知覚をプログラムさせるようなことがあってはならないのです。

Unit 5

自分を過小評価していないか

認知的不協和をなくそうとする
セルフ・レギュレーションは、無意識における
自然で生得的なホメオスタシスの活動です。
現状を維持するために、ブリーフに違反する
新しいアティテュードと行動は、
それがどのようなものであれ
意識に表れることはありません。
ホメオスタシスのセルフ・レギュレーションに
基づいて維持される現状のことを、
コンフォートゾーンと呼びます。

どうやってブリーフはつくられるのか？

ブリーフそのものは、情動記憶でつくられます。

ここでいうブリーフとは、いわゆる体験的な記憶としての信念と自分が言葉として聞いた情報を受け入れた結果としての信念との両方を合わせた内容を意味しています。

たとえば、子どものころにお母さんから「コーヒーは身体に悪いから飲んではダメですよ」と言われて飲まなくなったというような場合に、ブリーフというのです。

コーヒーを飲まないというブリーフは、コーヒーを飲むたびにカフェインが多いからやめなさいと叱られたというような情動が背後にあって、初めてできるのです。

同様に、子どものころにコーヒーを飲んで、ひどく苦くていやな経験をしたというような場合にも、その時の情動が、後にコーヒーを飲まないという無意識の選択をさせるようになります。

いずれにしても、コーヒーを飲まないという行為、あるいは「コーヒーにしますか、紅茶にしますか？」で紅茶を選ぶ無意識の選択は、情動記憶がもたらしているのです。

そして、そのような**情動記憶によって、人それぞれのものの考え方や見方、つまりブリーフ・システムがつくられていく**のです。

現状維持しようとする

ブリーフがその人のパフォーマンスを決定するということは、人がブリーフ以上の力を

人は、現状を維持する！

①人は目の前の現状と未来を維持する

そのため

↓

②ブリーフとブリーフ・システムに
合致しない、あるいは違反する
行動をとろうとしない！

だから

↓

**新しいことをしようとしても、
意識に表れない！**

ブリーフがあなたの
パフォーマンスを限定する！

発揮することはできないということです。

それは、セルフ・レギュレーションの働きがあるからです。

人は、たえずセルフ・レギュレーションを繰り返す存在です。目の前の現状とその延長線上としての未来を維持するために、人は、ブリーフとブリーフ・システムに合致しない、あるいは違反する行動をとろうとはしません。

新しいことをしようとしても、それは現状を維持していかなければならないというセルフ・レギュレーションに防御されて、意識に表れることもありません。

なぜなら、ブリーフ・システムに違反することを受け入れると、それが新しいブリーフになり、目の前の現状が変わってしまい、今のゲシュタルトも崩れるからです。

つまり、**現状と現状のゲシュタルトを維持するために、人は無意識のうちに、ブリーフ・システムに違反する新しい行動をすべて排除しているということ**なのです。

ブリーフを変えなければ元に戻る！

もし、ブリーフ・システムに違反する新しい行動が引き起こされたとしても、それはホメオスタシスによってすぐに元に戻されてしまいます。

たとえば、タバコが好きな人が一時的に禁煙しても、喫煙というハビットは消えず、再びタバコを吸うようになります。あるいは、肥満した人がダイエットして痩せても、数カ月後には肥満に戻ります。太った人には、私は太っているというブリーフ・システムがあるので、これも無理からぬ話なのです。

脳の自己修正機能の例

- タバコ好きな人が一時的に禁煙しても、再び吸い出す
- 太っている人がダイエットしても、再び太ってしまう

ホメオスタシスとは？

恒常性維持機能のことで、生体をより長く生きながらえさせるために、生体の安定的な状態を維持しようとする傾向のこと。

つまり、ブリーフを変えずに行動を変更しようとしても、元に戻ってしまうのです。

それが、ブリーフ・システムによるセルフ・レギュレーションのカラクリです。

これがコンフォートゾーンの役割りなのです。コンフォートゾーンとは、自分にとってちょうどいい状態のことですが、それは同時にホメオスタシスによってそのまま維持される現状のことを指しています。

したがって、タバコを吸う人はタバコを吸うのがコンフォートゾーンにいることであり、肥満の人は太っていることがコンフォートゾーンにいることなのです。

それが、ブリーフがその人のパフォーマンスを制約する、ということです。人は、コンフォートゾーンを変えない限り、この制約から逃れる術はありません。

Unit6

セルフ・トークで自己イメージを高める

セルフ・イメージとは、ブリーフの集合です。
セルフ・トークを繰り返すたびに、
過去の情動や他人の意見があなたの
ブリーフの中に組み込まれ、
それとともにコンフォートゾーンが
決められていきます。 したがって、
私たちは、私たちのセルフ・トークを
コントロールしなくてはなりません。
そうしなければ、セルフ・トークによって、
私たちがコントロールされることになるのです。

「ワーズ、ピクチャー、エモーション」

セルフ・トークとは、「しまった！」とか「なんて俺は馬鹿なんだ」とか、自分の中で内省的に言ってしまう独り言を指しています。

独り言といっても、それは言葉だけの問題ではありません。

ルー・タイスは「ワーズ、ピクチャー、エモーション」をつねに重視していますが、セルフ・トークにもこのことが当てはまります。

たとえば、フットボールの試合で選手がしくじった場面を、その選手に何度もビデオで見せるというのは間違ったコーチングのやり方です。なぜなら、何度も見せることによって、そのたびに「ワーズ、ピクチャー、エモーション」をし、しくじったことに対するその選手の臨場感を上げることになります。

その結果、選手のブリーフ・システムにしくじりを取り込ませてしまうのです。

もちろん、選手にスコトーマがあって、本人が気づいていないということがあるため、失敗を1度は見せて指摘することは必要でしょう。

しかし、それがすめば、失敗のシーンは2度と見せなくていいわけです。

セルフ・トークの言葉も、ピクチャーを喚起し、それがまさにその時の五感の感覚を呼び覚まします。当然、その感覚は情動をともなっています。セルフ・トークは、まさに実際の体験を思い出す行為なのです。

ですから、自分が過去に失敗した時を思い出して、「しまった」と独り言を言えば、必ずワーズ、ピクチャー、エモーションがくっ

セルフ・トークの重要性

なぜ、セルフ・トークは重要なのか？

セルフ・トークが重要であるのは、セルフ・トークを繰り返すと、それが自分とはこういうものだというセルフ・イメージをつくるから。セルフ・トークをすれば、ワーズ、ピクチャー、エモーションがくっついてくるので、その言葉の臨場感が高まりブリーフ・システムに取り込まれる

例

たとえば、フットボールの試合で選手がしくじった場合、その場面のビデオを何度も見せると
ワーズ、ピクチャー、エモーションをし、しくじったことに対する臨場感を上げることになる。
その結果、しくじりをブリーフ・システムに取り込んでしまう。

ポイント

セルフ・トークの言葉は、ピクチャーを喚起し、五感の感覚を呼び覚まします。

ついてきます。その時、脳では、あたかもその失敗をもう1度体験したのと同じ臨場感が生まれるわけです。

こうしたセルフ・トークを繰り返せば繰り返すほど、その失敗はブリーフ・システムに組み込まれていきます。それが、否定的なセルフ・トークが持つ問題なのです。

セルフ・トークを何度も繰り返すと、それが自分とはこういう人間であるというセルフ・イメージをつくります。セルフ・イメージとは、私たちが自我と呼ぶものです。

実際には1度しか起こっていない出来事でも、セルフ・トークを繰り返すと、何度もそれを経験したと同じように、自分の自我に取り込まれてしまうわけです。

他人の意見も、同様です。他人の意見も、何度も繰り返しそれを聞かされることによって、セルフ・トークと同じ効果をもたらします。

「確かにそうかもしれない」というセルフ・トークを生み、それがセルフ・イメージの中にじかに取り込まれてしまいます。

そうすると、あたかもそれを体験したかのように、ブリーフ・システムに取り込まれ、自我ができてしまうということです。

他人の話を聞いている時、人は、話している人の言葉に対して3倍の速さで自分自身に言葉を発します。それが、話がやんだ時は、6倍の速さになります。

マインドの内部で起こる会話は、消えずに、脳の神経細胞に蓄積されていきます。

その結果、たとえそれが事実と異なる言葉であっても、そんなことはお構いなしに、あなたのブリーフが強固になっていくわけです。

セルフ・トークで事故を起こしやすくなる！

例 奥さんが旦那さんの出勤時に声をかける

奥さん**「あなたは事故を起こしやすいんだから、運転に気をつけてね」**と言うと、
旦那さんは、**「そうだ、俺は事故を起こしやすい人間だ」**と、過去に事故を起こした時のことを思い出す。

↓ **すると**

ワーズ、ピクチャー、エモーションで事故を起こす臨場感が高まり、次の事故につながる

ポイント

セルフ・トークは、ワーズ、ピクチャー、エモーションをともなって過去の体験を思い出します。
五感の感触を含めたピクチャーとエモーションで成り立っているので、セルフ・トークはまさに
再体験するのと同じ効果を持っています。

ネガティブ・セルフ・トーク

人は毎日、かなりたくさんのセルフ・トークをしています。ぼそぼそつぶやいたり、無言で心の中でしたり、その言葉は本人にとって取るに足りないものかもしれません。しかし、一見ささいに思えるセルフ・トークが、自我をつくりあげるうえで、過去の失敗を何度も体験したのと同じくらいの強烈なインパクトを持つわけです。

交通事故を一度起こしたという自我を持つ人と、1万回起こしたという自我を持つ人とでは、想像を絶するほど大きな差が生じることを、よく考えてみてください。

セルフ・トークの大半は、ネガティブな内容です。なぜネガティブ・セルフ・トークになるかと言えば、人はたいていネガティブなことが記憶に強く残るからです。

たとえば、その典型が学習でしょう。ご存じの通り、人間の学習は失敗から生まれます。今でこそ成功に学ぶという方法論がありますが、実際に何かを試みる場合はやはり失敗から学ぶことになります。

当事者は試行錯誤し、失敗の積み重ねの中から成功をつかみとるわけです。

また、脳研究の成果から見れば、学習とは失敗とそれを修正しようとする、調整の繰り返しというふうに言えます。

その意味で、私たちに見えているものは、失敗の総合であり、目の前の現実世界は失敗の結果であると言えます。だからこそ、その失敗の結果から抜け出すことが、大変なのです。

ほとんどの人は成功した体験が強い情動記

多くの人のセルフ・トークがネガティブな理由

なぜ、多くの人がネガティブなセルフ・トークになってしまうのか？

多くの人のセルフ・トークがネガティブになる理由は、人はたいていネガティブなことが記憶に強く残るから。

ほとんどの人が、成功した体験が強い情動記憶として残らないため、ポジティブなセルフ・トークにならない

だから

ポジティブなセルフトークをしても、強い情動が乗らないために効果が薄い！

ポイント

脳研究の成果から見ると、学習とは失敗と、それを修正しようとする、調整の繰り返しのことです。

その意味で、現実世界は失敗の結果であると言えます。だから、失敗の結果から抜け出し、ネガティブなセルフ・トークを解消することが大切になるのです。

憶として残らないため、それはセルフ・トークになりません。たとえポジティブなセルフ・トークをした場合でも、結果、強い情動がそのままではのらないのです。

セルフ・トークをコントロールする！

したがって、私たちは自分のセルフ・トークをコントロールしなければなりません。これが、マインドを変える原則の1つです。

そうしないと、私たちがセルフ・トークによってコントロールされてしまうことになるわけです。そのためには、**まずネガティブなセルフ・トークをしない**ことです。

「自分はいったいどうなっているんだろう」といったネガティブなセルフ・トークは、完全に取り除かなくてはなりません。

なぜなら、たとえば「だから自分は馬鹿だと言われるんだ」という具合に答えてしまうからです。それがセルフ・イメージをいっそう下げることになり、さらには自分に対する自己評価を下げることになるからです。

その次に、**正しいセルフ・トークをすることがたいへん重要**になります。

効果的なセルフ・トークをすれば、新しいセルフ・イメージがどんどんつくられることになります。その結果、コンフォートゾーンが変わります。

コンフォートゾーンが変わるということは、スコトーマが外れ、今あるＲＡＳのフィルターも変わります。つまり、今まで見えなかったものが見えてくるのです。

継続的に行うアファメーションは、マインドを変えるための非常に強力な手段です。

セルフ・トークで
コンフォートゾーンが変わる！

ポジティブなセルフ・トークをしても、強い情動記憶として残らなければ意味がない

だから、

正しいセルフ・トークをすることが重要

すると

↓

新しいセルフ・イメージがつくられる

↓

コンフォートゾーンが
変わる！

Unit7

コンフォートゾーンは自己イメージが決める

セルフ・イメージがコンフォートゾーンを定義します。
あなたのコンフォートゾーンは、
あなたのセルフ・イメージの反映です。
あなたのセルフ・イメージは、コンフォートゾーンの
境界を定義します。
あなたのセルフ・イメージは、
あなたのエフィカシー(自分の能力の自己評価)と
実際のパフォーマンスを限定し、
その結果としての未来を限定します。
私たちのブリーフは、セルフ・イメージを通して、
私たちの潜在能力に限界を設けているのです。

セルフ・イメージは サーモスタット

その人にとって心地良い領域、**コンフォートゾーンは、セルフ・イメージによって決められています。**セルフ・イメージはその人にとって重要なことの集合とも言えますが、それゆえに人は、セルフ・イメージが崩れてしまうようなことを防いだり、避けたりします。その逆に、セルフ・イメージに合致することには進んで取り組みます。

セルフ・イメージは温度や湿度を調整するサーモスタットのようなものなのです。

室温を25度にセットすると、温度がそれを1度程度上回った時にスイッチが入り、冷房が動き始めます。冷房が効いて25度を下回ると（24度ぐらいになった時）、今度は暖房のスイッチが入ります。こうして、部屋の温度は、設定温度の上下1度程度の幅で変動します。

この範囲にあれば、部屋はとても快適なわけですが、セルフ・イメージも、その人にとって快適な範囲の中、つまりコンフォートゾーンで行動したり考えたりするように調整メカニズムを働かせているということです。

コンフォートゾーンの作用

さて、コンフォートゾーンは人間にどのような作用をもたらすのでしょうか。

自分がコンフォートゾーンから外れていると感じた時は、落ち着かない気持ちになります。これが原因で、人は何かにつけ失敗をするようになります。

コンフォートゾーンとは？

コンフォートゾーンとは？

コンフォートゾーンとは、セルフ・イメージによって決められる、その人にとって心地が良い領域のこと

人は、
- ●コンフォートゾーンを保とうとする
- ●セルフ・イメージが崩れることを避ける
- ●セルフ・イメージに合致することに取り組む

ポイント

人はコンフォートゾーンの中で行動したり、考えたりする。

たとえば、つまずく、机のものを落とす、コーヒーをこぼすなどです。**面接の準備をすっかり整えて、話をする内容までしっかり決めていたのに、いざその場になると、話そうとしていたことがまったく思い浮かばなくなるなどもそうです。**面接官の態度や雰囲気から、自分がコンフォートゾーンから外れていると感じるからです。

コンフォートゾーンの外にいると、自分の記憶から情報を引き出すことすらできなくなるという典型的な例です。また、コンフォートゾーンの外にいると、情報のインプットも遮断されます。何かを指示されたり、説明を受けたりしても、その内容をきちんと受け取れなくなるのです。

さらに、コンフォートゾーンから外れた時は、肉体的な緊張も生まれます。たとえば、声がうわずる、動作がぎこちなくなるなどです。胃液の分泌も過多になり、そのせいで胃痛が生じることもあります。

自己評価とコンフォートゾーン

こうしたコンフォートゾーンの作用は、人間の自己抑制機能の働きをうながします。まず、人が自分の能力を自己評価する時のことを考えてみましょう。

自分の能力に対する自己評価は、当然、セルフ・イメージによって決められます。とすると、その評価がコンフォートゾーンを外れたところにあるはずはありません。

どのような自己評価を自分に対して持っているとしても、それは必ずコンフォートゾーンの中にある、ということなのです。その自

自己抑制機能とは？

コンフォートゾーンは、
人の自己抑制機能の働きをうながす！

- 自分の自己評価よりも、結果が自分のイメージよりも低すぎると、不安や緊張が生まれ、無意識のレベルで、「元のところ」へ戻ろうとする。
- 逆に、自分の自己評価よりも、結果が自分のイメージよりも高い時も、元に戻ろうとする！

たとえば、預金残高が自分が想定していたよりも少なくなっていた場合は、クレジットカードを使うのをよそうなどと考え、行動するようになる

ポイント

自己抑制機能に制約されず自分を高めるには、自分自身に対する想定や、期待のレベルを上げていくことが必要になります。

己評価に対して、結果が自分のイメージよりも低すぎると、不安や緊張が生じます。

それがサーモスタットのスイッチの役割を果たし、無意識のレベルで「元のところへ戻ろう」とするのです。

たとえば、**預金口座の残高が、自分が想定していたよりも少なくなっていれば、慌てますし、落ち着かなくなります。テストの点数が低すぎた場合や、友達に何か悪いことをしてしまった場合でも同じです。**

それがサーモスタットのスイッチの役割を果たし、クレジットカードを使うのはよそうとか、もっと勉強に励もうとか、友達に自分らしい謝罪の言葉を伝えようとか考えて、実行するようになるでしょう。

ここで重要なことは、結果が想定よりも高すぎる時も、不安や緊張が生じ、同じような自己抑制メカニズムが働くという点です。

つまり、自分が緊張や不安を感じることなく自然に行動できる範囲＝コンフォートゾーンの中に納まるよう、無意識のレベルで自己抑制機能を働かせているのです。

自己抑制機能そのものは決して悪いわけではありません。しかし、それが自分のパフォーマンスを限定することも確かです。

なぜなら、コンフォートゾーンの存在が、あなたの潜在能力を解き放つ足かせになっているからです。コンフォートゾーンに制約されている限り、あなたはその範囲の中でしか能力を発揮することができない、ということになります。

こうした**自己抑制機能に制約されずに自分を高めるには、セルフ・イメージのレベルを上げていくことが必要**です。

セルフ・イメージを高めるには？

セルフ・イメージを高めるには、今の自分よりもはるかに高いゴールの世界の自分に、強いリアリティーを持たせることによって、マインドにある自分自身の基準を引き上げていくことが重要

そのために

①マインドを変える
②コンフォートゾーンを広げ、高める

↓

①②をする方法

- アファメーション、セルフ・トークのコントロール
- ビジュアライゼーションでイメージを心の中で描く

Unit 8

他人の言動を選別する

誰があなたのセルフ・イメージと
あなたの限界をつくっているのでしょうか。
それがたとえ誰であろうとも、
あなたのセルフ・イメージは、
あなたの過去のパフォーマンスに対する
他人の評価によってできており、
未来の可能性に対する評価ではありません。

誰の話を聞くかが重要

セルフ・トークがセルフ・イメージを決め、セルフ・イメージがコンフォートゾーンを決めるということを考えると、**注意すべきは誰の意見を聞くかということ**です。

もともと人は、最初から自分でセルフ・トークをつくるわけではありません。ほかの人から言われたことを取り込んで、自分のセルフ・トークにしてしまうのです。

自分が子どもだったころのことを思い起こしてみてください。

批判的になったり懐疑的になったりすることなしに、自分の周りの状況を当たり前のこととして受け入れていたと思います。

たとえば、男の子なら、父親や近所のおじさんの仕事や生活ぶりを見たり、母親に言われたことを取り込んで、自分の将来を想像していたことでしょう。自分の能力や個性ではなく、周囲にいる人たちのリアリティーを通じて自分の人生を考えていたはずです。

それは、彼らの言葉によって、自己像をつくることと同じです。

このように自分の中に親や周りにいる大人たちの言葉が蓄積されます。そして、それがセルフ・トークの原型になっていくのです。

注意すべきは、あなたに何かを言う相手は、現在までのあなたの過去に基づいて話をしているのであり、あなたの未来を知って話しているわけではないという点です。

つまり、誰かがあなたについて話す内容は、すべてあなたの過去に対する指摘であり、評価であり、イメージであるということです。

セルフ・トークの重要性

なぜ、セルフ・トークは重要なのか？

- **セルフ・トークがセルフ・イメージを決める**
- **セルフ・イメージがコンフォートゾーンも決める！**

↓

セルフ・トークは他人の言葉が原型になっている！

例

男の子なら

- **父親**
- **近所のおじさん**

…などの仕事ぶりを見て、自分の将来を想像する

ポイント

あなたに何か言う相手は、現在までのあなたの過去に基づいて話し、過去に対する指摘、評価をするので悪いセルフ・トークをする原因になります。

ドリームキラー登場

学校の先生が進路指導を行う時に、その学生の成績から、君はこの大学に進むのがふさわしいとアドバイスします。それは、あくまで今日までの試験の点数に基づくアドバイスであり、そこに明日からの試験の点数が含まれているはずがありません。

学生が、医者になりたいとか、東大に入りたいとか、成績以上の進路を望めば、学校の先生は「君には無理だ」と率直に伝え、現状の評価に合った道を教えるのです。

多くの先生は、その学生の現状を徹底的に冷静に分析し、今の能力で達成できるゴールをあてがうことを目的にしているからです。

学校の先生だけでなく、両親、あるいは妻、良識のある友人や先輩、そうした人々はほとんどの場合、あなたの現在までの能力をきわめて客観的に評価し、妥当と思える意見を言うことでしょう。実は、そういう人々はすべてドリームキラーです。

どんなにあなたの話に一生懸命耳を傾け、あなたのためを真剣に考えて受け答えしたとしても、彼らは必ずドリームキラーになっているのです。

なぜなら、今日までの現状をベースに、その延長線上の未来をあなたに進言します。**現状の延長線上のステータスクオを評価されてると、あなたのポテンシャルを低下させるだけでなく、コンフォートゾーンも低下させることになってしまうからです。**

もちろん、彼らが下す客観的な評価と結論は、現状を把握する目安にはなります。

ドリームキラーとは？

ドリームキラーとは？

ドリームキラーとは、あなたのコンフォートゾーンを引き下げようとする人のこと。つまり、

- **偏見を持った人**
- **危険な考え方を持った人**

のこと。

↓

ドリームキラー

ドリームキラーの与える情報をそのまま受け取ってはいけない！
なぜなら、マインドの形成は自分自身で行わなければならないからです。
ドリームキラーの言うことに耳を傾け、自分のマインドや知覚をプログラムされるとコンフォートゾーンはどんどん落ちていくことになります。

しかし、そうした親身の意見でさえも、私たちはそれを鵜呑《うの》みにしてはなりません。

大切なことは、自分が望む未来、自分自身が選ぶ未来に、焦点を定めることです。

ここで大切なことは、人はたいていの場合、自らの意思ではなく他人の影響力の下に、不十分な生き方をしているということです。

自分の意思で成長や成功を遠ざけているわけではなく、あなたという人間について語る周囲の人々によって、いつの間にかそうさせられてしまっているのです。

大切なのは他人の言葉に耳を貸すことなく、**自分が望む未来に焦点を合わせてセルフ・トークをコントロールすることが、高い効果を生むということなのです。**

セルフ・トークの4ステップ

セルフ・トークには、4つの段階があります。自分が望む未来を実現するためには、以下の第1から第3の段階を経て、第4段階に到達しなくてはなりません。

第1段階は、「無理だ」「できるわけがない」というあきらめです。

過去のセルフ・イメージがもたらすネガティブなセルフ・トークであり、多くの人がこれによって縛られています。まずこの状態から脱することが必要です。

第2段階では、「〜するべきだ」「〜であったらいいなあ」という目的論的なものが生ま

ドリームキラーの話を聞いてはいけない！

**ドリームキラーは現状を評価するので、
あなたのポテンシャルを低下させ、
コンフォートゾーンも低下させる！**

★あなたは自分の意思で成長や成功を遠ざけているのではなく、あなたという人間について語る周囲の人々によって、不十分な生き方になる

ポイント

対策として、ドリームキラーの言葉に耳を貸すことなく、自分が望む未来に焦点を合わせてセルフ・トークをすれば、高い効果を生むことができます。

れてきます。しかし、問題を解決する手段がないため、この段階のセルフ・トークでは何の変化も起こりません。

第3段階では、「もうこんなことはやめよう」「こんな状態から抜け出そう」などの〝誓い〟が生まれてきます。この段階になると、目標に向かい、問題を解決している自分のイメージを探し始めます。

第4段階は、探している新しいイメージについてのセルフ・トークが生まれます。

ここにくると、「次はこうする」、「明日はこうありたい」という、新しい次元に向けたセルフ・トークを行うようになります。しかも、それが表しているのは、単なる願望ではなく、今この場でそれが実現しているかのようなリアリティーを持つ未来です。

第4段階に到達すれば、あなたのゴールの世界に向けてＲＡＳがオープンになり、スコトーマも外れます。

最後に、それでは迷った時に誰の言うことを聞いて参考にすればいいのでしょうか。

端的に言えば、それはプロのコーチです。それが意味するところは、プロのコーチ以外の人の意見を聞いて自分のセルフ・トークをつくってはいけないということです。

もちろんここでいうコーチとは、ＴＰＩＥ®やＰＸ２のような専門のプログラムを履修したコーチだというのはいうまでもありません。

セルフ・トークの4ステップ

★第1段階【あきらめ】

「無理だ」「できるわけがない」

↓

★第2段階【目的論的】

「○○するべきだ」「○○であったらいいなあ」

↓

★第3段階【誓い】

「もうこんなことはやめよう」

「こんな状態から抜け出そう」

↓

★第4段階【新しいイメージについてのセルフ・トーク】

「次はこうする」「明日はこうありたい」

**以上の第1から第3の段階を経て、
第4段階に到達し、
自分が望む未来を実現できる**

Unit9

ハイ・パフォーマンスの実現

高いパフォーマンスはコンフォートゾーンに
いる時に生まれます。
コンフォートゾーンの内にある事柄は、
おのずと“want to”の対象になり、自然にかつ生得的に
高いパフォーマンスが得られます。そこでは、あなたの
創造的無意識が、問題を解決するための
新しい方法を見つけてくれます。
あなたは、それが“want to”であるがゆえに、
自然に最良のパフォーマンスが生み出されることを望むのです。
逆に、“have to”あるいは強制された事柄は、
予想されないスコトーマを生み、その結果、危険なミスと
低いパフォーマンスをもたらします。

高いパフォーマンス

人が高いパフォーマンスを示す時は、つねにコンフォートゾーンにいる時です。

逆にいえば、コンフォートゾーンにいる人は、当たり前のことのように高いパフォーマンスが出てくるのです。その時何か問題が生じたとしても、創造的無意識が勝手に解決してくれます。

では、逆にコンフォートゾーンから外れた時は、どうなるでしょうか。

その時は、いきなりスコトーマが生じるため、周囲の人に想像がつかない間違いをし始めます。想像がつく間違いは、周囲の人が気をつければ回避することができます。

ところが、想像がつかない間違いは、それを防ぐことができません。周りの人には見えているることが、本人には見えないわけですから、見えている人が**「そんな、馬鹿な。ありえない！」**というようなミスを起こすわけです。

ホームとアウェイ

コンフォートゾーンにいる時と、そこから外れた時との違いは、ホームとアウェイの違いと同じです。

ホームにいる時とは、たとえば自分の集落で味方と一緒にいるような場合です。一方、アウェイにいる時とは、たとえば山に狩りに出かけるような場合でしょう。

アウェイにいる時は、周囲の状況が把握できないし、いつイノシシや熊などが襲ってくるかもわかりません。そんな時、人は呼吸も

コンフォートゾーンから外れるとどうなるのか

コンフォートゾーンから外れると、いきなりスコトーマが生じるため、周囲の人に想像がつかない間違いをし始める！

肉体的な影響

- 抽象思考ができなくなる
- 呼吸が速くなり、筋肉が硬直する。さらに、心拍数も上がる
- 運動パフォーマンスが下がる

ポイント

人はコンフォートゾーンの中にいると、高いパフォーマンスができ、外れると、パフォーマンスが低くなります。

上がり身体的にたいへん緊張し、交感神経が優位になるのがつねです。そういう状況の中では、まず身体が自由に動きません。加えて、抽象度の高い思考もできません。

抽象度が上がってしまうと、目の前にイノシシを見つけて「獲物がいた」と反射的に走っていったり、あるいは現れた熊を見てあわてて逃げていったりという瞬間的な判断ができなくなるからです。

つまり、**生物は、アウェイでは抽象度の低い、本能的な判断を行い、すばやく行動を起こせるようにつくられている**のです。

また、アウェイでは、ホームにいる時に徹底的に練習したことしかできません。サッカーでも武道でも、どれもみなそうです。

ですから、選手たちは、自分なりの方法でホームで動きを徹底的に練習し、アウェイではそれに近い動きができるように訓練を繰り返します。

試合で戦う相手より強い相手に勝てるほどにして、初めてアウェイで戦えるのです。

これが、人がコンフォートゾーンから外れた時のアウェイのカラクリです。

コンフォートゾーンに引き戻される！

アウェイで抽象思考ができなくなることは、それはそれで正しいことです。

たとえば、イノシシを捕まえる時に、笹で足を切ったら痛そうだとか、砂利を踏んだら痛そうだとか、そんなことを考えている余裕はありません。一切気にせずに、足の裏から血を流しながら走るからこそ、イノシシを捕獲できます。抽象思考ができなくなり、本能

創造的無意識は逆向きにも働く

人がコンフォートゾーンの中にいる時は、
何か問題が生じても創造的無意識が勝手に
解決してくれる

↓ 逆に

コンフォートゾーンから外れている時は
創造的無意識が逆向きに働き

「困難なことをやるべきではない」
「新しい仕事を探すべきではない」
…など

新しい課題に取り組まなくていい理由を
クリエイティブにつくり出す。

ポイント

創造的無意識が逆向きに働いている時は「やっぱりダメじゃないか」などの結論に落ち着いてしまうので、新しい課題に取り組むことが困難になります。

的に動くとはそういうことなのです。

しかし、ビジネスの現場では、そうしたアウェイの状態に甘んじて身を委ねているわけにもいきません。とはいえ、コンフォートゾーンから外れたところでも普段通りに動けるよう、コンフォートゾーンの中で徹底的に訓練することもできません。

状況が刻一刻と変わる現代社会で、あらかじめすべてを訓練することは不可能です。

また、コンフォートゾーンから外れている時は、創造的無意識が逆向きに働きます。

「困難なことをやるべきではない」「新しい仕事を探すべきではない」など、新しい課題に取り組まないですむもっともな理由をマインドが「クリエイティブ」につくり出し、あなたや仕事のチームをコンフォートゾーンに引き戻そうとします。


これはマインドがそうさせているだけのことで、本来は新しい課題に取り組んだ方がいいに決まっています。

しかし、こういう場合は新しい課題に取り組んでも、創造的無意識が逆向きに働いて、いい結果が生み出されることはありません。

「ほら、やっぱりダメじゃないか。だから、最初からやめた方がいいと言ったんだ」

というような結論に落ち着くことは目に見えています。

では、どうすればいいのでしょうか。

一言でいえば、**アウェイをコンフォートゾーンにすればいい**ということです。

そのための方法が、アファメーションとセルフ・トークのコントロール、そしてビジュアライゼーションで、コンフォートゾーンを広げ、あなた自身の基準を高めていくことです。

アウェイをホームにする方法

・アファメーションとセルフ・トークのコントロール

＋

・ビジュアライゼーションで、コンフォートゾーンを広げる！

↓ すると

自分の基準が高まり、あなたにとってすべてが「やってみたい」事柄になり、アウェイがホームになる！

サルの脳からわかるホームとアウェイ

人間の脳にホームとアウェイがあることは、サルの脳にヘビを認識する細胞があることからもわかる。

ヘビを認識する細胞は、山から人里におりてきたサルの撃退法としてヘビのおもちゃが有効だったことを手がかりに研究され、サルの扁桃体の情動をつかさどる細胞の中から発見された。

サルは賢くて撃退する有効な方法がなかなか見つからなかったが、ヘビのおもちゃを群れに投げ込むと、彼らは一目散に逃げ出す。

命の危険からすばやく逃れられるよう、サルはヘビを認識したら即座に逃げ出すようにつくられている。

Unit 10

エネルギーと創造性の源

エネルギーと創造性は、ゴールから放出されます。

あなたには、２つのコンフォートゾーンがあります。

１つは過去の情動記憶に基づいたものであり、もう１つは未来のゴールに基づいたものです。

人間はつねに脳の指令によって動いているため、ゲシュタルトは１つしか選ばれません。あなたは、どちらのゲシュタルトが選ばれることを望むでしょうか。

放出されるエネルギーと創造性が、このゲシュタルトの衝突を解決します。

２つのコンフォートゾーンの衝突が、内なる衝突をつくり、問題の解決に導きます。自然なホメオスタシスによって、エネルギーと創造性が衝突を解決すべく放出されるからです。

要するに、ゴールのコンフォートゾーンが現状のコンフォートゾーンよりも活力に満ちていれば、新しい創造的なアイデアと解決策がゴールの達成を導くのです。

ゴールがより大きければ、この衝突もより大きいものになり、それゆえにゴールを達成するエネルギーもより大きなものになります。

ゲシュタルト心理学

ゲシュタルト心理学で明らかにされていることは、**人間は外部の情報が内面のリアリティーに一致するよう秩序を求める**ということです。

人は、個人でも、組織でも、いろいろな物事について「こうあるべきだ」「こうなるべきだ」というリアリティーを持っています。それが現時点でのコンフォートゾーンです。このリアリティーと異なる情報があると、マインドにとって問題になります。

そして、マインドが想定している情報と外部の情報にある齟齬《そご》を修正し、秩序を回復しようとするのです。たとえば、運動不足が続いておなかが出っ張ってきたら、何とかそれを解消しようとします。これは何もマイナスのことが起きた時に限りません。

朝起きて鏡を見たら、自分の顔がキムタクや宮沢りえのような美男美女に変身していても、「やった！万歳」とは思わず、やはり「これはまずいな」と感じるわけです。

組織でもそうです。想定していたよりも業績がぐっと落ち込むと、上からの命令が出る出ないにかかわらず、社員に経費節約の意識が瞬く間に広がります。社員1人ひとりが「これはまずい」と感じるからです。

このように**秩序を回復しようとするエネルギーは、外部の情報と内面のリアリティーに差があればあるほど、大きくなります。**

おなかが出っ張ることよりも、顔がキムタクや宮沢りえになっていた場合の方が、慌て方も大きいでしょうし、それを元に戻そうと

高いゴールが大きなエネルギーを生む！

人間は外部の情報が、内面のメンタリティーに一致するように秩序を求める！

だから

秩序を回復しようとするエネルギーは、外部の情報と内部のリアリティーに差があるほど大きくなる！

つまり

高いゴールを設定すれば、現状との差が大きくなるので大きなエネルギーが生まれる！

するのに大変な作業がいるでしょう。

しかし、人は自然とそれをやってのけます。外部情報と内面のリアリティーの差に隔たりがあればあるほど、人は強いエネルギーを生み出し、無意識が問題を解決しようとするからです。これは、人間のホメオスタシスの作用によるものです。

私たちがゴールを設定すれば、現状のゲシュタルトとゴールのゲシュタルトには当然、差が生じます。秩序を回復しようとするゲシュタルトの働きを使えば、ゴール設定の仕方いかんで、私たちにより大きなエネルギーが生まれることになります。

差が大きければ大きいほどエネルギーが生まれるので、高いゴールを設定すればするほど、ゴールに向かって進もうと、より大きなエネルギーが生まれるわけです。

現状を壊す！

もちろん、エネルギーだけでゴールを達成できるわけではありません。そのためには、アイデアも必要です。**アイデアとは、ゴールを達成するための創造性**です。

人が創造性を発揮する時は、混乱と無秩序の中にいる時です。もし状況が、すでに自分が想定する〝あるべき姿〟であれば、私たちの無意識は創造性を生み出しません。

混乱と無秩序の状況にいるからこそ、無意識のレベルで創造性が発揮されるのです。

創造性を発揮するためにはどうすればいいでしょうか。それが、私たちがゴールを設定するにあたり、意図的に今の現状を1度壊すという方法です。ゴール設定によって、混乱

高いゴール設定がアイデアを生む！

ゴールを達成するには
アイデアが必要

では、そのアイデアは
どうすれば生まれるのか？

人がアイデアを発揮するのは混乱と無秩序の中にいる時だから、高いゴールを設定して現状を一度壊し、秩序の混乱をつくる

すると

ゴールを達成するための
アイデアが出てくる！

ポイント

現状を壊すには、現状のゲシュタルトに、ゴールのゲシュタルトを投げ込むという方法を使います

を引き起こし、秩序を回復するためのエネルギーと創造性を生み出すのです。

現状の壊し方は、現状のゲシュタルトにゴールのゲシュタルトを投げ込むだけです。

ゴールの世界のリアリティーを強め、ゴールを達成し満足している自分に強いリアリティーを感じれば、ゴールのゲシュタルトが選ばれ現状のゲシュタルトは壊れます。

壊れたゲシュタルトを回復しようとしても、ゴールのゲシュタルトに強いリアリティーを感じている以上、現状のゲシュタルトが回復されることはありません。

その時人間は、ゴールのゲシュタルトを実現するようにエネルギーと創造性を発揮し始めるのです。これもまた、人間のホメオスタシスの作用です。

リアルである方が選ばれる！

この時重要なことは、ゴールのゲシュタルトが、現状のゲシュタルトよりも、よりリアルでなければならないという点です。

もし、ゴールのゲシュタルトがリアルでない場合は、2つのゲシュタルトのうち、もともとリアルな現状のゲシュタルトが選ばれてしまいます。すると、秩序を回復する働きによって、現状のゲシュタルトが回復されることになり、これでは元に戻ってしまいます。

もちろん、ゴールの方がリアルでなければ、エネルギーも創造性も生まれるはずはありません。現状のゲシュタルトに対して、ゴールのゲシュタルトにリアリティーがなければ、それは単にあなた自身によって無視さ

高いリアリティーが人生を変える！

ゴールの世界を実現するためにはゴールの
ゲシュタルトがリアルでなければならない！

現状のゲシュタルト＜ゴールのゲシュタルト

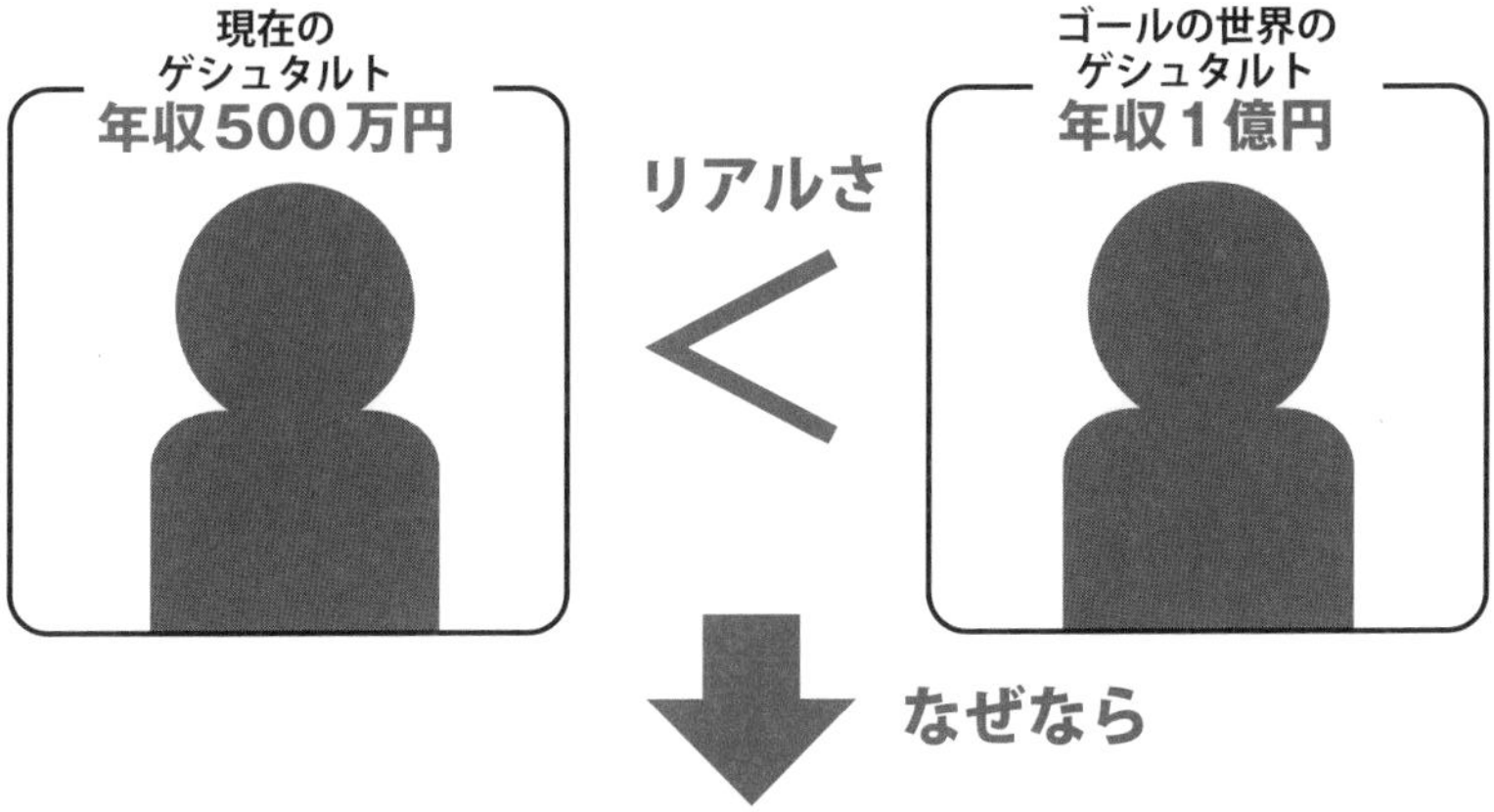

人間はゴールのゲシュタルトと現状のゲシュタルト
の２つのうちリアルなゲシュタルトを選ぶ！

**ゴールをリアルにすれば、
理想の自分を実現することができる！**

れ、現状のゲシュタルトがそのまま維持されるだけということになります。

現状のゲシュタルトを壊すためには、**非常にリアルかつたいへん違和感のあるゴールのゲシュタルトをつくる必要があります。**

リアルかつ違和感のあるゲシュタルトというと、なかなかピンとこないかもしれません。リアルであって違和感があるというのは矛盾するように聞こえますが、私が意味するところは次のようなものです。

たとえば、現状で年収５００万円の人が、年収1億円の生活をゴールにしているとします。そのゴールをリアルに感じるというのは、「実際私はすでに年収1億円の生活をしています」という自分の世界観をつくることです。

この年収1億円のゲシュタルトがリアルなものになると、一方で、年収５００万円というゲシュタルトとの間に違和感が生じることになります。現状の自分の身の周りは、すべて年収５００万円の世界にすぎないからです。

もちろん、物理的現状よりも高いリアリティーを想像の世界につくるというのは、簡単なことではありません。それを構築するため、アファメーションという技術を使い、ゴールの世界のリアリティーを上げていくわけです。

ゴールは達成していると思いなさい！

ただし、現状は年収５００万円だが、3年後には年収1億円を稼ぐのが夢で、「俺は絶対1億円稼げるようになってみせる！」と強い思いを抱いても意味はありません。

なぜなら、今、年収５００万円の人が3年

ゴールを達成するイメージ法

現状のゲシュタルトを壊すには、リアルかつ
違和感のあるゴールのゲシュタルトをつくる！

現状年収500万円の人が、年収１億円の生活をゴールにした場合

「実際、私はすでに年収１億円の生活をしている」
という世界観（イメージ）をつくる

この年収１億円のゲシュタルトが、リアルになると年収500万円というゲシュタルトとの間に違和感ができ、大きなエネルギーが生まれ理想の自分ができる！

後に1億円を稼げるとイメージすることは、無意識にとっては、今の現状でいいということです。つまり、現状を維持すれば3年後には1億円を稼げるというような現状肯定を無意識に生み出してしまいます。

単純に、現状を維持すればゴールを達成できるというのは、馬の口にすでにニンジンが入って食べているのと同じことです。

現状を続けていれば、そのまま食べることができるじゃないかということになり、ゴールのゲシュタルトを投げ込んでも現状のゲシュタルトが壊れることはありません。

現状のゲシュタルトを壊し、ゴールのゲシュタルトが選ばれるには、現状ではダメだという現状否定のもとに想像の世界にリアリティーをつくり出す必要があるのです。

私はよく、「ゴールはすでに達成していると思いなさい」という言い方をしています。

今年収500万円の人が、私はすでに1億円稼いでいると感じないといけないということです。現状のゲシュタルトを壊すためには、すでに私はニンジンを食べているのだけれども、それは現状ではないというリアリティーをつくることが重要なのです。

そのようにすれば、あなたは現状に不満を感じるようになります。無意識のレベルで「これはまずいな」と感じ、自分の内側にあるゴールのリアリティーに向かって、秩序を回復しようと創造性を発揮し始めます。

その結果、ゴールを達成するために何をすればいいかが見え、そのための行動を無意識のレベルで選択するようになるのです。

リアル・ゴールのつくり方

リアルなゴールのゲシュタルトをつくるといっても、つくり方にはコツがあります。ゴールはすでに達成しているというくらいのリアリティーを必要としますが、それが比較的やりやすいかやりにくいかは、ゴールの種類によって異なります。

たとえば、私のゴールは「世界の戦争と差別をなくすこと」です。

この時、もはやこの世に戦争と差別はないというリアリティーをつくろうとしても、目の前を見渡せば戦争と差別だらけですから、まず無理でしょう。しかも、ゴールの抽象度が高いため、世界から戦争と差別が消えた状態もきわめてイメージしづらいのです。

実は、抽象度の高いゴールは、どうあがいてもリアリティーが生まれてきません。そのためにアファメーションの技術が必要になるといっても過言ではありません。

抽象度の高いゴールの場合は、自分がすでにそのゴールを達成する能力を持つ人間である、というリアリティーをつくることが大切です。あるいは、ゴール達成の中間地点における自分のあるべき姿をイメージし、すでにそこまで達成しているというリアリティーをつくることが必要になるでしょう。

イメージの力

マインドというものは、エネルギーや創造性が発揮されたとしても、それを使って進む方向性までは生み出してくれません。**未来に**

望む方向へ進むことも、古い現状に戻ることも、マインドにとっては同じことなのです。

だから、エネルギーや創造性をどちらの方向に向かう力に変えるのかということが、重要なポイントになります。マインドに方向性を決定させるのは、イメージです。

新しい発想があったとしても、従来の状況に対してより強いイメージを描いているなら、エネルギーと創造性のすべてが元の状態に戻るために使われてしまいます。

逆に、未来の状況に対してより強いイメージを描くことができれば、それはすべて未来に進むために使われるのです。新しい未来のイメージが強固で、マインドの中で支配的になっているなら、その世界は従来のコンフォートゾーンの外にある新しいコンフォートゾーンです。

新しいコンフォートゾーンにいるあなたのイメージと臨場感を強めていけば、現状のコンフォートゾーンは新しいコンフォートゾーンから外れ、マインドの内側の情報と外側の情報が一致しなくなります。

あなたは現状を「これはまずいな」と認識し、無意識のレベルで新しいコンフォートゾーンの秩序を回復しようとするわけです。

このマインドの仕組みを利用するためには、未来のゴールの世界に対する強固なイメージをつくっていかなければなりません。そこで、アファメーションもそうですが、ビジュアライゼーションが鍵になります。

ビジュアライゼーションの方法は、ユニット17の「未来の記憶をつくる」で述べますが、ここではイメージの強さがマインドに方向性を選択させると覚えてください。

リアルなゴールのつくり方

抽象度の高いゴールの時

抽象度の高いゴールは
リアリティーができにくい！

そこで、

・自分がすでにゴールを達成する能力を持っている、というリアリティーを持つ

・ゴール達成中間地点の自分のあるべき姿をイメージし、そこまで達成しているリアリティーをつくる

比較的抽象度の低いゴールの時

ゴールに近づくにつれて、テンションが
下がるので「もう達成できそうだ」
と思ったら、新しいゴールを設定する

Unit 11

現状を超えたゴール設定

ゴールは、ステータスクオの外側に、あるいは従来の
コンフォートゾーンの外側に設定しなくてはなりません。
もし、ゴールをステータスクオの内側に設定するとすれば、
それはあなたの未来の可能性を単に限定するにすぎません。
未来の可能性を限定するばかりでなく、それ自体があなたの
スコトーマをより強くし、あなたの明日をまるで
昨日そうであった世界のようにしてしまいます。
それゆえに、ゴールは、あなたの現状のセルフ・イメージを
超えたところに、あなたの現状のセルフ・エスティームを
超えたところに、さらには他人があなたにあなたのことについて
話す内容を超えたところに、設定されなければなりません。

高いゴールを設定する理由

現状よりもずっと高いレベルにゴールを設定してくださいというと、ふつうの人は、現実的ではないと考え、尻込みするかもしれません。上司や先輩であれば、「そんな夢みたいなことを考えていないで、もっと地道なことを考えろ」というでしょう。

あなたのためを思ってのアドバイスでしょうが、それは、マインドの働きを知らないために出るドリームキラーの言葉であり、大変大きな間違いだと言えます。

現状よりもはるかに高いゴールを設定したら、ふつうの人は不安や緊張を感じます。これは自然な反応で、そのため創造的無意識が働き、そこから逃避しようとします。自分がゴールの世界を実現できると感じられないため、無意識のレベルで現状のレベルにゴールを引き下げようとするわけです。

しかし、ユニット10で学んだように、**エネルギーと創造性を生み出すためには、より高いゴールを設定することが鍵になります。それがあるからこそ、人間は現状の資質や経験、知識をはるかに超える大きな成功をつかむことができるのです。**

ゲシュタルト理論にのっとって言えば、今までの考えを捨てるからこそ、ゴールから秩序を再構築するための意欲が放出される、ということになります。

その結果、新しいスキルを習得したり、現状のコンフォートゾーンの外に人脈を求めたり、無意識のレベルで今までしてこなかった行動を起こし始めます。

高いゴールが行動を変える理由

高いゴールを設定することにより
人間はエネルギーと創造性を生み出す！

そこで、高いゴールを設定すると

↓ その結果

ギャップが生まれ秩序を再構築する
ための意欲が放出される

- **新しいスキルの習得**
- **現状のコンフォートゾーンの外に**
  人脈を求める

…など今までしてこなかった行動を起こす！

ポイント

ゲシュタルト理論では、高いゴールを設定して今の考え方を捨てるからエネルギーと創造性が生み出され理想の自分をつくることができます。

古い考え方は、このさいすべてを捨てることです。そして、緊張や不安を感じることなく、思い切って高いレベルのゴールを思い描いてください。

コンフォートゾーンの外側

ゴールの世界のリアリティーは、「ゴールはすでに達成している」と考えることでつくられます。ここでのポイントは、そのリアリティーは現状とは違うと、はっきり認識することです。

なぜなら、強いリアリティーを感じながら、ニンジンが口の中に入っていると錯覚すれば、どのような馬でも走らなくなります。リアリティーが強まって、口の中にニンジンが入っているという認識が生まれるとしたら、それは一種の催眠状態です。

ニンジンは確かに口の中に入っているけれど噛んでみたら味がない、リアルだけれどどこれは現状じゃない、何かおかしい、そういう認識を欠いてはならないということです。

どのようにすれば、その認識をつくることができるでしょうか。

それが、ゴールをステータスクオ（現状）の外側につくる、もしくは、ゴールを現在のコンフォートゾーンの外側につくることなのです。

そもそも現状とは、今のことを指すだけでなく、今の延長線上にある将来のことをも含む概念です。

たとえば、三菱東京ＵＦＪ銀行の社員が、三菱東京ＵＦＪ銀行の頭取になることを思い描くとしたら、それはゴールを現状の外側につくることにはなりません。

理想的な現状ではダメ！

現状とは、今のことを指すだけでなく、
今の延長線上にある将来のことも含む概念です。

たとえば、政策の世界で言えば、法律を変えなければ続く将来は現状といえる。
今の法律内でできることは、今それをやっていようがいまいがすべて現状

今の延長線上にある「理想的な現状」を、ゴールに設定するとゴールに自分を引っ張り上げるテンションがなくなる！

ポイント

脳は、ゴールを現状のコンフォートゾーンの外側に設定すれば、ホメオスタシスの力で、創造性が発揮され、それまで見えなかった方法でゴールを達成します。

なぜならそれは、今の延長線上にある〝理想的な現状〟であるからです。また、理想的な現状をゴールに設定すると、ゴールに自分を引っ張り上げるテンションはなくなり、エネルギーも創造性も生まれません。

ゴール設定の注意点

最後に、ゴールを設定する場合の注意点を、いくつか補足しておきましょう。

まず、**数値目標などを現状に合わせないことです。**

現状のコンフォートゾーンの中にいるあなたが見ているゴールは、現状を続けているだけで達成可能なゴールです。それでいい、という人もいるかもしれません。しかし、人間は、もっと大きな可能性を持つ存在です。**現状では絶対できないと思い込んでいる大きなゴールを達成する可能性が、私たち1人ひとりに秘められていることを、忘れてはいけません。**

たとえば、年収500万円のサラリーマンが、年収5億円になる可能性は、間違いなく現状の内側ではなく、現状のコンフォートゾーンの外側にあります。

目標を引き下げることは、現状に合わせてゴールを設定することであり、自分の未来の可能性を否定することになるからです。

2番目は、もし現状の内側にゴールを設定してしまった場合は、ためらわずにゴールを見直すことです。

なぜなら、現状の内側にゴールを設定してしまうと、それが自分のスコトーマをさらに強めるように働くからです。その結果、明日

ゴール設定の注意点

数値目標などを現状に合わせないこと

数値で表せる目標は現状から見えるゴールであり、コンフォートゾーンの外側ではない。あなたの可能性をつぶす原因になる

現状の内側にゴールを設定してしまった場合は

ためらわずにゴールを見直す現状の内側にゴールを設定してしまうと、それが自分のスコトーマをさらに強めるように働く。

そのため、ゴールを設定することが、なにもしないより悪い結果を生み出してしまう

ポイント

現状の外にゴールをつくりましょう。
ゴールは高ければ高いほどいい。
だから、不安感などが生じても、決してゴールを下げないこと。

はますます昨日のようになってしまうのです。つまり、**ゴールを設定することが、何もしないよりも悪い結果を生み出してしまうということ**です。

書店でよく見かける自己啓発の本などでは、「将来の夢を持て、そしてゴールを設定しよう」とは書いてありますが、「現状の外側にゴールを設定せよ」という最も重要なポイントが抜け落ちているものばかり目立ちます。

また、ホメオスタシスの力とゲシュタルト破壊の力を利用するために、ゴールは高ければ高いほど良いのです。

高いゴールは、不安感などが強く生じ、ゴールを引き下げようとする心の作用が生じますが、その時に決してゴールを下げないでください。

そうすれば、高いゴールを達成するために

創造的無意識がわき、それまで見えなかったゴールの達成法が見えてきます。

Unit 12

公式　I × V = R
イメージの再構築

コンフォートゾーンはいかに臨場感に満ちているか、
いかにリアルであるかによって選ばれます。
I × V = Rの方程式は、コンフォートゾーンを
より臨場感に満ちたピクチャーにして見せてくれます。
私たちは、ステータスクオのコンフォートゾーンではなく、
ゴール側のコンフォートゾーンが選ばれるように
したいものですが、新しいゴールによって決められる
コンフォートゾーンを、現状のコンフォートゾーンよりも
より臨場感の強いものにすれば、そうなるのです。
つまり、ゴールが要求するセルフ・イメージが、現状の
セルフ・イメージよりもより強い臨場感に満ちていることが
必要だということです。

ルー・タイスの方程式

I×V＝Rというのは、ルー・タイス・プリンシプルの方程式です。

Iはイメージ、Vは臨場感（ビビッドネス）、Rはリアリティーです。

イメージかける臨場感がすなわちリアリティーをつくる、ということです。

ユニット1で触れたように、認知科学以前は物理的世界のことをリアリティーと呼んでいましたが、認知科学以後は、臨場感のある世界のことを指すようになりました。

つまり、映画を見て、映画の世界に浸っている時は、映画の世界がリアリティーであるということです。映画の世界は現実ではなく虚構だと反論されるかもしれませんが、臨場感があればそれがリアリティーなのです。

実際、映画を見ている時は、ホメオスタシスがその世界において働いています。映画の中でビルが爆弾で吹き飛ばされれば、見ている人はちゃんとドキッとします。ホメオスタシスにとって、それがリアリティーになっているということなのです。

なぜそうなるのかといえば、次のような理由によるものです。

私たちの認識は、RASのスコトーマの原理、自分の記憶、自分のブリーフ・システムによってそれぞれ異なる現実を見ています。だから、私たちが物理的世界だと思っているものでさえ、ブリーフ・システムによって築き上げられた1つのゲシュタルトであるにすぎません。

ゲシュタルトはつねに1つしか選ばれない

ルー・タイス・プリンシプルの方程式

$$I \times V = R$$

‖

イメージ×臨場感＝リアリティー

ので、それは複数のゲシュタルトから選ばれた1つであるということです。なぜそれが選ばれたかと言えば、その人にとって臨場感が強いからです。そのようにして選ばれたゲシュタルトを、私たちはリアリティーとして認識するわけです。

とすれば、複数のゲシュタルトのうちのどれがリアリティーになるのでしょうか。

複数のゲシュタルトのうち、I×Vが一番強いものが、リアリティーとしてつねに選ばれるのです。したがって、鮮明なイメージがあり、臨場感が強いものが、リアリティーになるということです。

ゴールの世界のセルフ・イメージ

ここで、I×V＝Rのルー・タイスの方程式とゴールの達成との関係に戻りましょう。

人はふつう、「現状というコンフォートゾーンのリアリティー」と「ゴールの世界につくられたコンフォートゾーンのリアリティー」という最低2つの潜在的リアリティーを持っています（ゴールがない人は現状維持がゴールになってしまいますが）。

そして、ルー・タイスの方程式が示している内容は、ゴールの方のリアリティーを圧倒的に強めればゴールの世界が選ばれ、それが現実になるということです。

当然のことですが、I×VのIとは、セルフ・イメージそのものです。

ゴールの世界を現実にするためには、ゴールの世界のセルフ・イメージを現状のセルフ・イメージよりもはるかに強烈にしなくてはなりません。

新しいコンフォートゾーンをリアルにする

ゴールの世界のイメージと
情動を自分の中で何度も繰り返す

↓

未来の記憶が無意識の中に刻まれる

↓

「望みがかなってうれしい」という
将来の感覚が
心と身体に染み込んでいく

ポイント

上記がうまくいかない時は、過去に経験した成功体験を思い出し、その時生じた情動を引き出して、その情動を味わいながら未来のイメージを心に描くことが有効です。

つまりルー・タイスの方程式は、**ゴールの世界のセルフ・イメージの臨場感が上がれば、それが現実になるということを意味しています。**そのためには、まずはゴールの世界のセルフ・イメージをつくらなければなりません。

ゴールの世界が現実になる！

もちろん、ゴールの世界は、人それぞれ抽象度が高く漠然としたものかもしれません。先に紹介したように、戦争と差別のない世界というゴールなどがそうでしょう。

そのような世界のセルフ・イメージをつくることは難しいですが、それでも、戦争と差別のない世界にいる自分のセルフ・イメージをつくらなくてはいけません。

だから、必ずしもゴールがリアルである必要はなく、ゴール側のコンフォートゾーンの中にいる自分のセルフ・イメージがリアルなものになればいいということです。

そのセルフ・イメージに臨場感を持たせると、I×V＝Rのリアリティーが強化され、ゴールの世界が現実になるわけです。別の表現をすれば、馬の口にニンジンが入っていようがいまいが、ニンジンをくわえている自分の世界をしっかりイメージすることが重要であり、ニンジンそのものは重要ではないということです。

ただし、**その時の自分の姿は、きわめてリアルなものにしなければならないのです。**

これがまさにルー・タイスの方法論であり、アファメーションがその中心的な技術である理由も理解できると思います。

Unit 13

映像で思考し、思考が実現する

新しい未来をしっかりと心に描くと、今目の前にある
古い世界に、すなわち現状に、満足することはできません。
しかし、ひとたびセルフ・イメージがあなたの身の周りの
リアリティーではなく未来のゴールに基づくものになれば、
その状態は継続し、あなたは、そのゴールに近づきます。
もし、未来のゴールに基づいたブリーフをつくることができれば、
私たちが毎日見るものは何であれ、すべてゴールを達成するため
に必要なものになります。なぜなら、ゴールを達成するために
不要なものは、スコトーマに隠されて見えなくなるからです。
あなたが朝、今日はいい日であると思えば、
その日はいい日になるのです。

イメージと思考

イメージと思考の関連性について、説明しておきましょう。

私たち人間は、映像で思考します。そして、人間は、その思考に基づいて、目標に向かって進みます。映像を思い浮かべながらあることについて考えた時、人間はその映像に向かって動き始めるということです。

言い換えれば、**人は思考している物事が実現していくように行動するということです。しかも、その思考の基点は映像です。**

獲物を見つけた野生動物のように、思い浮かべた映像に引き寄せられるように向かっていくのです。人間は、好む好まざるにかかわらず、そのようになっているのです。すべてのことはまず心の中のイメージとして始まって、それが現実世界に広がるのです。

したがって、あなたがゴールを達成しようとするなら、現在の思考をコントロールすることが鍵です。

たとえば、心配性の人たちは、「そうなってほしくない」ことばかり考えています。考えている彼らがそうならないための方法を見つけるかといえば、そうではなく、結局は「そうなってほしくない」事態にはまってしまうことがよく起こります。

その理由は、現在の思考が未来を決定するからです。別の言い方をすると、今考えていることがその人のムードをつくり、そのムードによって環境が整い、リアリティーができ上がるということです。

イメージとゴールの関係

まず、人間は、映像で思考する！

↓

その思考に基づいて、
目標に向かって進む映像を
思い浮かべながら考える

↓

その映像に向かって動き始める！

↓

ゴールを達成する

自己充足的予言

自己充足的予言というものがあります。朝、今日はいい日になるぞ、と思うと必ずいい日になります。逆に、悪い日になるぞ、と思えば必ず悪い日になるのです。

これは、**今日はいい日になるぞ、と思うと、悪いことに対するスコトーマが生まれて、悪い出来事が見えなくなる**からです。悪い出来事が見えないから、必ずいい日になるわけです。

逆に、悪い日になるぞ、と思うと、いいことに対してスコトーマが生まれ、悪いことだけが見えます。実際は、いいことも悪いことも、いつものように起きています。

ビジネスでも同じことです。私は年収1億円の人間だ、と思うと、1億円の稼ぎ方しか見えなくなります。実際は年収500万円であっても、500万円の稼ぎ方は見えなくなるため、年収1億円を達成するために必要のあることしかしなくなるのです。

それがまさに、心が現実をつくる、ということです。

最初に心が変化すると、そこにコンフォートゾーンが生まれ、有用なことからスコトーマが外れて、無用なことにはスコトーマが生まれます。

そうすると、**無意識の行動が心の変化に合致するように現実を導かざるをえないということです。**

心が現実をつくる

「今日はいい日になるぞ」と思うと
必ずいい日になる。

なぜなら、いい日になるぞと思えば、悪いことに対するスコトーマが生まれ悪い出来事が見えなくなるから

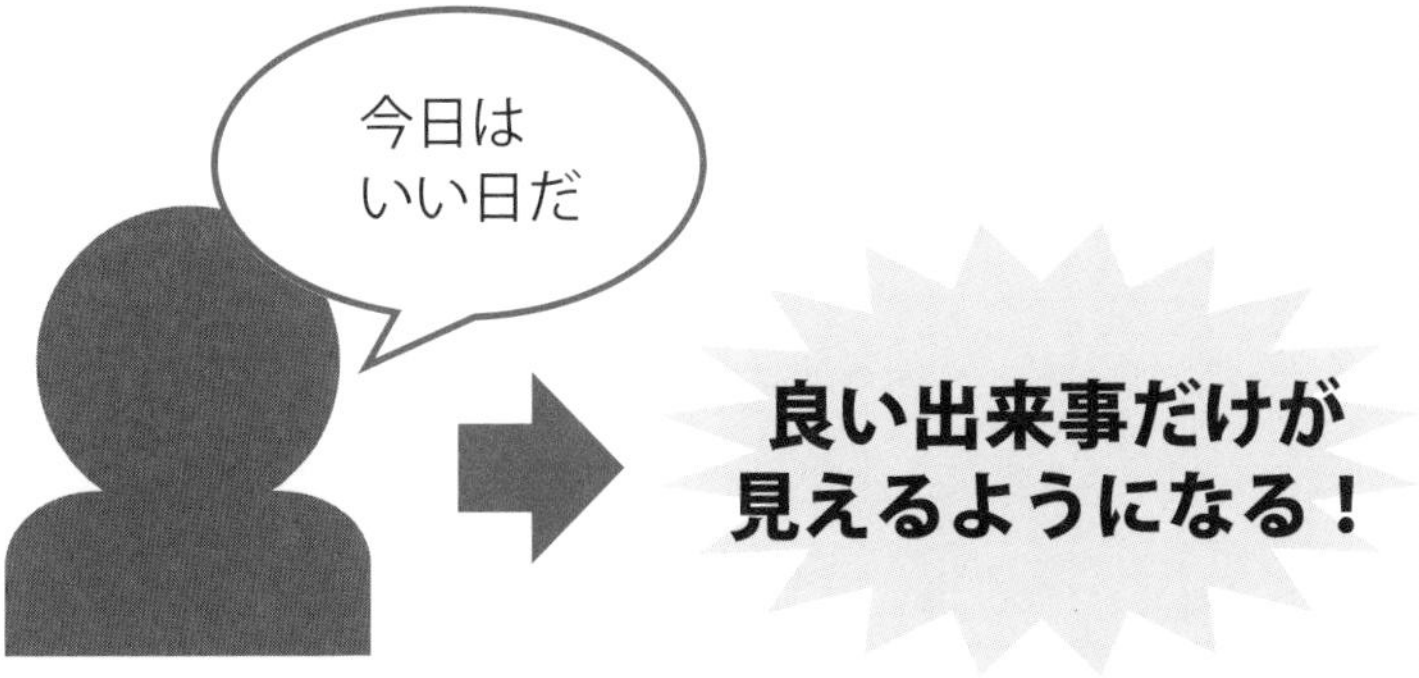
今日は
いい日だ
良い出来事だけが
見えるようになる！

ポイント

心が変化すると、スコトーマが働き現実が変わっていく。

スリー・タイム・フレーム

ルー・タイスがよくあげるのは、スリー・タイム・フレームという思考の概念です。それは、過去、現在、未来のどこに思考の基準を置き、物事を考えるかというものです。

過去に思考の基準を置く人は、過去を基準に物事を考えます。過去の出来事を語り、

こうした人たちに共通するのは、人生の最盛期をすでに過ごし、「昔は良かった」「あのときは幸せだった」という考えを持っていることです。それゆえに未来に対しては悲観的であり、現在は不平不満の対象でしかありません。

現在に思考の基準を置く人は、「今現在」にします。「今こうだから、明日もこうだ」という具合です。現状を維持しようとする姿勢は、時として頼もしく映ることもあるかもしれませんが、結局は、来る日も来る日も同じことを繰り返すことになります。

未来に思考の基準を置く人は、未来を先見し、そのイメージをはっきりと持っています。現状がその方向に動き出していることを想定して行動し、自分だけでなく周りの人をも未来に向かって引っ張っていこうとします。

このような人たちは、未来のことであっても、すでに実現している、達成しているものとして現在形で語り、思考します。

そのため、ゲシュタルトが有効に働き、その結果スコトーマが外れ、RASを働かせて必要な情報が流れ込むようになり、イメージ通りの未来に自分を導くのです。

未来に思考の基準を置く

未来に思考の基準を置く人は

未来を先見し、そのイメージをはっきり持っているので、ゴールに動き出していることを想定して行動している

↓

ゲシュタルトが有効に働き、その結果スコトーマが外れ、RAS を働かせ必要な情報が流れ込むようになる！

↓

イメージ通りの未来に自分を導いている！

ポイント

未来志向でゴールを設定し、アファメーションを書き、ビジュアライゼーションを行うことはマインドの内側に、有意義で継続的な変化を生み出す

Unit 14

最初にゴールがある

スコトーマ／ＲＡＳのプリンシプルのために、
ゴールの世界に臨場感を持たせれば、
ゴールの世界に合ったことしか見えなくなります。
逆に、ゴールが単に現状を維持するだけのものであれば、
あなたは現状を維持するために必要なことしか
見ることができません。

まずはゴールありき

ユニット14もまた、有名なルー・タイス・プリンシプルです。

それは、まずゴールがあって、それから認識が生まれる、ということです。このことは、ふつう逆に考えられています。

実は、これが明らかに大きな間違いであることは、スコトーマ／RASのプリンシプルによってはっきりと理解することができます。

まず、ゴールを設定し、ゴールの世界のセルフ・イメージに対する臨場感を強めていけば（つまり、I×Vということです）、ゴールの世界に対するスコトーマが外れ、現状の世界に対するスコトーマが生まれます。

その結果、「こうやってみよう」「こういう人に会ってみよう」という具合に、あなたの中に新しい認識が生まれることになります。

RASの働きにしても同じです。ルー・タイスがよく用いる形容で、RASとは有能な秘書のようなもの、というのがあります。

たとえば、迷惑メールや必要のない郵便物など、業務の支障になるものを細大漏らさず排除し、指示された必要なものだけをボスのデスクに届けます。重要なものだけを通すのがRASの機能だからです。

しかし、何が重要であるかは、私たちが自分で決定しています。現状で、あなたのRASを通り抜けているのは、あなたの現状のリアリティーにあるものだけです。

しかし、**ひとたびゴールを設定し、そのリアリティーを強めていけば、ゴール達成に重要なものを新たに感知するようになります。**

なぜ、ゴールを先に設定するのか？

ゴールを設定し、ゴール世界のセルフ・イメージに対する臨場感を強めれば、ゴールの世界に対するスコトーマが外れる！
すると、RAS がゴール達成に必要なものを新たに感知するようになる！

「こうやってみよう」
「こういう人に会ってみよう」
と、あなたの中に新しい認識が生まれる！

ゴールを達成できる！

ポイント

まずゴールがあって、認識が生まれる。

ゴール達成の方法は見えてくる！

日々のことにおいても、ゴールが先で認識が後という関係が当てはまります。

たとえば企業でつくるプランもそうです。来年度の売り上げを10億円に引き上げようという時に、企業ではたいていの場合、製造や営業、財務や経理などが数字を集めてきて、その結果、「何とか達成できそうだ。よし来年度の売り上げ目標は10億円にしよう」という手順がとられます。

方法論を先に検討し、それからゴールを決めるわけですが、これは間違ったやり方といわなくてはなりません。

正しい方法は、来年度の売り上げ10億円というゴールを先に決めるのです。そうすると、**今はまだ見えない売り上げ10億円を稼ぐ方法が、後から見えてくる**のです。

スコトーマが外れることにより見えてくるその方法は、おそらく従来とはまったく異なるアプローチであったり、事業や組織の再編であったりするはずです。

つまり、ゴールを設定すると、達成の仕方は後からわかる、ということです。

なぜ今、達成の仕方がわからないかと言えば、ゴールが今は現状のコンフォートゾーンの外にあるからです。

しかし、ゴールを設定し、そのゴールの世界に臨場感のあるセルフ・イメージをつくっていけば、I×V＝Rの方程式によって、ちゃんと達成の仕方がわかるのです。

ただし、ゴールの設定の仕方を間違えるとリスクが生じます。現状の中にゴールを設定

10億円の売り上げをつくる方法

まず、来年の売り上げを
10億円にすると
ゴールを決める！
↓
今は見えない売り上げ
10億円を稼ぐ方法が
後から見えてくる

**スコトーマが外れ
稼ぐ方法が見えてくる！**

まず、企業の各部署の財務、
経理の数字を集める
↓
「なんとか達成できそうなので」
来年の目標は
売り上げ10億円にしよう！

**現状の中にゴールが
あるので、
スコトーマが外れない！**

ポイント

ゴールを先に設定すれば、今は達成の仕方がわからなくてもそのゴールをリアルにしていくことにより、何をどうすれば、目標を達成できるのかが見えてきます。

すると、スコトーマが外れず、現状を強化することしか見えなくなるからです。

もし、このようなゴールを設定してしまった時は、本来あるべき姿を達成できなくなり、自分をいつまでも現状に縛ってしまいます。

ですから、**ゴールを現状のコンフォートゾーンの外側に設定するということはきわめて重要**なのです。

Unit 15

したいことをやりなさい

「ねばならないこと」をせず、「したいこと」をやりなさい。
積極性は、ゴールに基づいたコンフォートゾーンの中に
自然に存在しています。ゴールに基づいた新しい
コンフォートゾーンにいることによって、
あなたは「ねばならないこと」をせず、「したいこと」を
することができます。積極性というのは、自然かつ力強いものです。
もし、あなたに「ねばならない」ものがあるとしたら、
それはあなたが自分のコンフォートゾーンから外れているからです。
「ねばならない」は、あなたをゴールから離れたところに
追いやりますから、「ねばならないこと」は一切しないことが大切です。
あなたは、「したいこと」だけをするべきです。ただし、自己責任で。

あなたは演じているだけ

ネガティブな情動記憶の影響から逃れ、ビジネスを発展させ、収益を増やし、新たな人脈を開拓するために必要なのは、セルフ・イメージを高めることです。

もちろん、現状と同じイメージを描いていては、セルフ・イメージを変えることはできません。

しかし、かといって、無理につくったイメージでは用をなさないことも事実です。

なぜなら、「有能な人」「いい人」を演じても、あなたの無意識はそれを見抜き、創造力を発揮して元の状態に戻ろうとするからです。**無意識にウソは通用しない**のです。

それでも大半の人は、自覚のないまま「有能な人」「いい人」を演じています。ありのままの自分を知られることを恐れている、というのがその理由です。

それが現代社会に特有の過剰なストレスにつながっているとも思います。

自分を隠すために「有能な人」「いい人」を演じることほど、ストレスの多いことはないからです。

あなたに必要なことは、演じるのではなく、セルフ・イメージを変えることです。ストレスを生むこともありませんし、むしろリラックスして継続できることです。

なぜ、演じることにはストレスがかかり、セルフ・イメージを変えることはリラックスしてできるのでしょうか。

その理由は、それぞれの場合のセルフ・トークを考えればすぐにわかります。

セルフ・イメージを「高める」と「演じる」の違い

高いセルフ・イメージを心に描いている時は、
あらゆることが「○○したい」に変わる。

「有能な人」「いい人」を演じると

無意識がそれを見抜き、創造力を発揮して元の
状態に戻ろうとする

ストレスがかかり、セルフ・イメージを
変えることはできない！

ポイント

ありのままとは異なる自分を演じている時は、あらゆることで「～しなければならない」と自分に語りかけるので創造的になれない。

ありのままとは異なる自分を演じている時は、あらゆることで**「～しなければならない」**と自分に語りかけることでしょう。

しかし、将来こうありたいというセルフ・イメージをあたかも達成しているかのように心に描いている時は、あらゆることが「○○している」に変わるはずです。

このように、しっかりとしたゴールを設定して、それをコンフォートゾーンとして感じていれば、すべてが「したいこと」もしくは「していること」に変わります。

朝起きてから夜寝るまでの1日で、「ねばならないこと」は1つもなくなるのです。あなたは、「ねばならないこと」をしてはいけないのです。

「ねばならない」は危険

あなたは疑問に思うかもしれません。「ねばならないことをしなくてはいけない時もあるはずだ。ねばならないことをしてはいけないとは、どういう意味なのか」と。

会社に勤めていれば、「ねばならない」で行っている仕事はたくさんあるでしょう。しかし、注意してください。仕事を強制されている、やらされている、とあなた自身が考えるとしたら、それは自分でセルフ・エスティームを傷つけることになります。

後で述べますが、セルフ・エスティームとは自尊心のこと、正確には自分のポジションに対する自己評価のことです。セルフ・エスティームが傷ついたあなたは、潜在能力を大

「○○ねばならない」ではいけない！

「○○ねばならない」で動けば潜在能力が低下する！

「○○ねばならない」で仕事などを進めれば、強制されている、やらされていると、自分自身が考えてしまう

↓

セルフ・エスティーム（自尊心）を傷つけることになる

潜在能力が低下する

ポイント

「○○ねばならない」で動けば、あなたは、無意識に「自分には選択の余地がない」「自分には大した価値がない」というメッセージが刷り込まれてしまいます。このような、無意識への刷り込みは、重いダメージとしてあなたに影響を与えます。

きく低下させてしまいます。なぜなら、あなたの無意識に「自分には選択の余地がない」「自分には大した価値がない」というメッセージが刷り込まれるからです。

こうした無意識への刷り込みは、徐々にではあっても非常に重いダメージとして、あなたに影響を与え続けます。一方、モチベーションという視点で考えても、「ねばならない」で仕事をすることには大きな問題が潜んでいます。

2つのモチベーション

モチベーションには、2種類あります。

本来のモチベーションは、外部から与えられるものではなく、自発的に起こるものです。これは、建設的動機と呼ばれ、**自分自身が価値をおいている対象に向かう「○○したい」という意思によって生まれる**ものです。

もう1つは、強制的動機と呼ばれ、**恐怖によってもたらされるものです。**外部からの働きかけによって、「やらなければならない」という気持ちが起こります。

強制的動機に基づいて行動する時は、「○○しなければ」とか「仕方がない」というセルフ・トークが必ず付随しています。「こんな仕事はやりたくない」と思いながら、「給料をもらうんだから、仕方がない」「これをやらないと、上司に叱られる」といった具合に、自分を納得させようとするわけです。

しかし、人間は、行動を制限されたり禁止されたりして不本意な行動をとる時は、高いパフォーマンスを上げることはできません。なぜなら、「仕方ないから、○○しなくては」

2種類のモチベーション

①建設的動機

外部から与えられるものではなく、自発的に起こるモチベーション

②強制的動機

恐怖によってもたらされるモチベーション

**人間は、行動を制限されたり
禁止されたりして
不本意な行動をとる時は、
高いパフォーマンスを
上げることができない！**

というセルフ・トークが生まれ、無意識がその状況に対して抵抗するからです。

たとえば、「この報告書を明日までに仕上げなくちゃ」とセルフ・トークをすれば、無意識は「やりたくない」という本心を実現するよう働きます。仕事の能率が極端に悪くなったり、急に家に帰らなければならない理由を見つけてしまったりするのです。

これを創造的回避と言い、実は、セルフ・エスティームが高く内面的に充実している人ほど、ゴールの設定をまちがえるとより強く創造的回避が起こるということがわかっています。

セルフ・エスティームから考えても、モチベーションから考えても、「ねばならないこと」はあなたに何らいい影響を及ぼさないのです。

こうした仕事をこなす最善の方法はただ1つ、余計なセルフ・トークを一切排除し、黙々と仕上げることです。

「やらせられている」のか「自ら望んでやっている」のか、はっきりと境界を区別して考えれば、それが「やらされている」仕事であるはずありません。

なぜなら、あなたは自ら望み、自ら選択して、今の会社への入社を決めたのです。その仕事を「やろう」と決意した、だから今の自分がある、そうではありませんか？

もし、「自分の場合は違う」というのであれば、やりたくないことはやりたくないと、自己責任できっぱり拒否するべきです。たとえ、会社をクビになろうとも、「ねばならないこと」をしてはいけません。

正しいゴールを設定しているのに「ねばな

らないこと」がある時は、自分がコンフォートゾーンにいない証拠です。その状況で「ねばならないこと」をすれば、その行動がますます自分を現状に縛るように作用します。

現状に縛られると、ゴールは遠い存在になっていきます。**あなたが人生で成功しようと考えているなら、「ねばならないこと」をすることに何も意味はない**のです。

ゴールを設定し、コンフォートゾーンを正しく設定していれば、「ねばならないこと」はスコトーマに隠れ、**見えるものはすべて「したいこと」に変わります。**

Unit 16

イエス・アイム・グッド

イエス・アイム・グッド。
高いセルフ・エスティーム（自分のポジションに対する高い自己評価）と、
高いエフィカシー（自分の能力に対する高い自己評価）は、
あなた自身にとってもチームにとっても重要です。この２つが、
ゴールに基づいたコンフォートゾーンを
臨場感とリアリティーあふれるものに保ちます。
あなたの高いパフォーマンスを脅威に感じるドリームキラーも
出てくることでしょう。
過去のコンフォートゾーンの方を好むドリームキラーたちに
取り囲まれても、あなたは高いセルフ・エスティームと
高いエフィカシーを保持してください。

「自分は優れている」

潜在能力を上げる方法はいろいろありますが、単純かつ強力な方法があります。それは、「自分は優れている」と自分の価値を認めることです。

子どものころから「自分に謙虚《けんきょ》になりなさい」と躾《しつけ》られてきた人の大半は、賞賛されても「自分はまだまだ未熟です」などと受け答えするのが習い性になっています。

ところが、こうした言葉や行動は、あなたの能力の発達にとって、実は大きな妨げになっています。**謙虚な言動をするたびに、あなたは自分を「大したことのない人間だ」と記憶し、本来の自分よりも低いセルフ・イメージをつくってしまうからです。**

たとえば、注目を浴びている経営者と、ある機会に知り合ったとします。あなたが自分を大したことのない人間だと考えていれば、対等な気持ちで自信を持って話をすることはできません。

自分は価値ある人間だという強い気持ちがあれば、どんなに格上とされる相手に対しても、あなたは話したいことを率直に話すことができるでしょう。

すると、相手もそれにしっかり答えてくれますから、少なくとも人間的な結びつきをしっかりと築くキッカケが生まれます。

評価は自分しかできない！

仕事上の交渉でも同じことです。あなたが自分の価値を認めていないと、せっかくの機

セルフ・エスティームとエフィカシー

セルフ・エスティームとは？

セルフ・エスティームとは、自分のポジションに対する自己評価のことを指す

エフィカシーとは？

エフィカシーとは、自分の能力に対する自己評価のことを指す

会を逃すような言動をしてしまいます。取引先も、部下や外注先も、あなたが考えるようには動いてくれなくなるのです。

逆に、あなたが自分の価値を認め、自分が優れていると自信を持っていれば、人は自然にあなたの考えについてきます。これは、科学的にも証明されていることです。

私たちは、他人に評価を求めたくなります。何をするにしても両親の許可がないとできない環境で育った人や、親の愛情が不足して育った人はこの傾向が強いようです。

しかし、自分がどれだけがんばっているかを知っているのは、自分自身です。たとえ他人があなたを評価してくれても、それはゴールの達成とは関係がありません。

高いセルフ・エスティームとは、自分の価値を認めることにほかなりません。

自分が価値ある人間であることに強い自信を持つということです。だからこそ、高いセルフ・エスティームとあなたのパフォーマンスは正比例するのです。

エフィカシーについても、同じことが言えます。いいアイデアが出た時、困難を乗り越えた時、適切なアドバイスができた時、その度に自分が持っている能力が優れていることに対して、自分で評価してやるのです。

高いエフィカシーを持てば、パフォーマンスも、自分を取り巻く環境も、人生も、必ず向上していきます。

チームのパフォーマンスを上げる！

高いセルフ・エスティームと高いエフィカシーは、チームにとっても重要です。

セルフ・エステームとエフィカシーを高める方法

セルフ・エスティームとエフィカシーを高めるには?
成功のたびに、「よくやった」「私はすごい」
と自分に言葉をかけると

**セルフ・エスティームと
エフィカシーは高くなる**

失敗した時はどうすればいいのか?
**「これは繰り返さないぞ。
よし、この次は必ず○○しよう」**と
前向きなセルフ・トークをする

ポイント

セルフ・エスティームとエフィカシーを高めるには、自分に対してネガティブな評価をしないことが第一です。

そのために、「自分に対して24時間ネガティブな評価をしない」というルールを課して24時間すごすと決めればいいでしょう。

たとえば、野球のＷＢＣで優勝した日本チームは、選手が１人だけ「俺はすごいんだぞ」と思っていても勝利を手にすることはできなかったでしょう。チーム全体の「俺たちはすごいんだぞ」というセルフ・エスティームとエフィカシーが合わさったからこそ、優勝という高いパフォーマンスが得られたのです。

チームのエフィカシーのことを集団的エフィカシー（コレクティブ・エフィカシー）と言いますが、１人ひとりがお互いのエフィカシーを高め合うことができれば、さらに高いエフィカシーがチームに生まれるということです。

実はこれがＩ×Ｖ＝Ｒのカラクリです。

高いエフィカシーを維持すること、チームであれば高い集団的エフィカシーを維持することが、ゴールのコンフォートゾーンにいるセルフ・イメージを高め、臨場感を上げる強力な方法になるのです。つまり、それを維持することによって、ゴールのリアリティーが強化されるということです。

Ｉ×Ｖ＝Ｒの方程式を説明すると、「どうすれば臨場感が上がるというのですか、特別な技術を学んだ方がいいのですか」という疑問を持つ人が必ず出てきますが、必要ありません。高いセルフ・エスティームと高いエフィカシーがあれば、ゴールの世界のコンフォートゾーンの臨場感はどうやっても強烈に上がります。

セルフ・トークの積み重ね

たとえば、行きつけの飲み屋で飲んでいる時に、１人だけが飛び抜けて値段の高いボトルを注文すると、ほかの人は何となくいやな気分になります。カウンターに並んだボトルが1本だけ高額になり、座席に1人だけ大金持ちが座ると、そのほかの人は居心地が悪くなるのです。

それは、1本だけボトルの値段が上がることによって、飲み屋のカウンターがコンフォートゾーンでなくなるからです。

このような場合、チームの無意識は突出した1人を引き下げるように働きます。

「そんなことまでして、よく働くねえ」とか「やったって無駄だよ」とか、あなたに働きかけてきます。周囲の人々から、ドリームキラーが必ず現れてくるわけです。

しかし、ドリームキラーたちの言葉に耳を傾けてはいけません。彼らの言葉を受け入れずにいる方法は、あなたの気持ち次第です。

その上で、上司や先輩、取引先の人々など、自分の成功を支えてくれた人たちに感謝の意を表し、自分に対しても「Yes, I'm good! Yes, I'm good!」と讃えるのです。

小さな成功のたびに、「よくやった」「私はすごい」と必ず自分に言葉をかけてやりましょう。こうした**セルフ・トークの積み重ねが、セルフ・エスティームとエフィカシーを高めていきます。**

逆に、失敗をした時は、「自分らしくない。よし、この次は必ず○○しよう」と前向きなセルフ・トークをするのです。

効果的なメンタル・トレーニング

セルフ・エスティームとエフィカシーが高まれば、ゴールの世界のリアリティーも強まり、あなたのマインドも変わっていくのです。

さて、高いセルフ・エスティームと高いエフィカシーに裏づけられたあなたのハビットとアティテュード、そしてパフォーマンスは、周りの人たち、ひいては組織全体のセルフ・エスティームとエフィカシーを高めます。それが組織全体としての生産性と業績向上の鍵になります。

すでに学んだように、周囲のドリームキラーの言葉がいかに客観的で妥当なものであったとしても、それはあなたのゴールと何も関係がありません。そして、ドリームキラーたちを突っぱねるくらい強力な、高いセルフ・エスティームと高いエフィカシーを維持してください。

Unit 17

未来の記憶をつくる

言語を使わない方法で自分の未来のリハーサルをします。
まず、自分のゴール、そして新しいハビットとアティテュードを
心にしっかりと描きます。
そして、気持ちの良い情動を自分の未来のイメージに結びつけます。
これが、あなたのゴールに基づいた新しいコンフォートゾーンの
つくり方です。

未来の記憶をつくる！

未来の記憶をつくり出すというのは、I×V＝Rを使って臨場感を上げるプリンシプルです。それは、未来の記憶をつくってゴールの世界の臨場感を上げる、先進的な方法といえます。

人間の現在の認識は、過去の記憶で成り立っています。人は、昨日までに見たことしか認識できません。なぜなら、そうでなければ重要性がわからないからです。

自分が重要だと思ったことが認識されるということは、**過去に自分が重要だと思ったから認識が生まれるということ**です。

ということは、昨日までに認識したことが、現在認識されるというのとイコールです。だから、今日の世界が昨日で成り立っていることは、実際、確かなことなのです。

未来の記憶とは何かと言えば、ゴールの世界の記憶です。

そこで、ゴールを達成したセルフ・イメージの記憶を、自分の過去の記憶を合成してつくります。そうすると、リアリティーが増します。もちろん、少なくとも物理的なリアリティーと同じところまでは、リアリティーが出てくることになるのです。

後は、それを何度も繰り返し、同時に高いセルフ・エスティームを築いていくことによって、**未来の記憶の方が目の前の現在の記憶よりもより臨場感の強いものになれば、ゴールが達成される**、ということになるわけです。

たとえば、ゴールを達成した時の自分をしっかりと心に描きます。どのような仕事を

未来の記憶のつくり方

未来の記憶＝ゴールの世界の記憶

未来の記憶のつくり方とは？
自分の過去の記憶を利用して、
新しい記憶を合成する

ポイント

ゴールの世界の記憶に、「うれしかった」ことや「自慢できること」などポジティブな記憶にともなう情動を借りてきて、望みが実現した時の感覚を体験するし、どのような人々とつき合い、どのような場所でどのような話をしているか。

ゴールの世界で経営者になっていれば、会社や社員の様子はどうか。どんなモノやサービスを提供し、お客さんの反応はどうか。ゴールの世界を細かく描いていくのです。

新しい記憶を合成する！

そして、その時の自分の新しいハビット、新しいアティテュードを思い浮かべます。

たとえば、自分がどのような眼差しで相手と接しているか。地域の活動で、近隣の人々とどのようにつき合うか。経済面では何を重視しているか。

そうした自分の行動をイメージし、ゴールの世界で自分が無意識でどのような行動をするか、無意識でどのような選択をするか、その**無意識の行為と判断を実際に何度もイメージの中でリハーサル**するのです。

そして、自分の過去の記憶の中にある情動を、先の未来のイメージに貼りつけます。過去に経験した成功体験を思い出し、その時生じた情動を引き出して、その情動を味わいながら未来のイメージを心に描くのです。

そして、そのイメージと情動を自分の中で何度も繰り返すことによって、**未来の記憶が無意識の中に刻まれる**ことになるのです。

これは、うれしかったことや自慢できることなど、ポジティブな記憶にともなう情動を借りてきて、望み通りの未来が実現した時の感覚を体験するリハーサルです。

それを何度も行えば、「望みがかなってうれしい」という将来の感覚が心と身体に染み

未来の記憶の臨場感を強めるイメージ法

ゴールを達成した時の自分を心に描く

たとえば

・会社や社員の様子はどうか？

・どんなモノやサービスを提供しているか

・お客さんの反応はどうか

…など

さらに、その時の新しいハビット、アティテュードを思い浮かべる

・どのような眼差しをして相手と接しているか

・近隣の人々とどのようにつき合うか

・経済面では何を重視しているか

…など

込んでいくのです。

このようにして未来の自分の新しい記憶を合成してつくり、そこに実際の情動を貼りつけて、その中で新しいハビット、新しいアティテュードで何度も行動することによって、新しいコンフォートゾーンそのものがリアルになっていきます。

Unit 18

新しい「自分らしさ」をつくる

「自分らしい」という新しい標準をつくる。
言葉はピクチャーを想起させ、ピクチャーは情動を呼び覚まします。
そこで、言葉を使う方法、アファメーションで、
自分の未来の成功イメージをリハーサルします。
「自分らしい」は、言葉を使う場合でも使わない場合でも、
セルフ・イメージを強化します。

言葉の力

ユニット17では、イメージを使った未来のリハーサルの仕方を学びました。ここでは言葉を使った方法を学んでいきましょう。

それはまず、新しい自分にとっての「自分らしい」標準、つまり新しい〝当たり前〟をつくることから始めます。

イメージを使う方法では、自分の記憶を合成し、新しいハビットと新しいアティテュードをつくり、イメージとしての未来の記憶をつくりました。その未来の記憶には、新しい「自分らしさ」があふれています。今度は、言葉を使ってそれを行うのです。

ルー・タイス・プリンシプルでは、ワーズ、ピクチャー、エモーションの相互作用を重視します。

ユニット6でも学んだように、自分の過去の情動体験を語ると、その時の情動がまるで同じことをもう1度体験するかのように呼び覚まされます。

言葉は必ずイメージを想起させ、イメージは必ず情動を引っ張り出すからです。それが、言葉が本来持っている強さです。

言葉のイメージ喚起力を利用する最も有効な方法は、アファメーションです。自分でそれを書いて、毎日、読むことです。短期的な視点から見れば、アファメーションは望んでいる結果に直結した行動をとるためのツールといえます。

アファメーションを読むたびに、ゴールの世界の自分の姿をありありと思い浮かべるようになっていきます。

アファメーションのつくり方

アファメーションをつくるには、次の 11 のルールを守って的確に行う！

①一人称であること
一人称で書き、主語を「私」にします。内容も、個人的なものにする

②肯定的に書く
「こうなりたくない」「欲しくないもの」は排除し、「こうなりたいもの」「欲しいもの」についてのみ書く

③現在進行形で書く
「今まさに？している」「今起こっている」などのように、現在進行形で書く

④「達成している」という内容にします
「私は○○を持っている」「私は○○だ」「私は○○をする」などの言い回しを使って、すでに達成しているという内容にする。逆に「私は○○することができる」「私は○○したい」「私は○○しなければならない」という表現も使ってはいけない

⑤決して比較をしない
自分自身の変化と成長のみをしっかりと思い描き、「他人と比較してこうだ」という記述をしないようにする

⑥一行動を表す言葉を使う
打ち解け、くつろいだ態度でそれを成し遂げている自分自身の行動を表現する言葉を使い、その様子を書く

⑦感情を表す言葉を使う
ゴールを達成した時にあなたがいかに感動するか、その感動をあなたに正確に呼び覚ます言葉を使って書く

⑧記述の精度を高める
的確で詳細な記述になるように、言葉の精度を高め、言葉の中に、不要なあいまい性がないかをよく検討し、それがある時は書き改める

⑨バランスをとる
ゴールの中に、あなたの人生におけるさまざまな分野を調和よく組み合わせる。それは、家庭、余暇、社会（地域）、精神性、教育、ビジネス、健康、姻戚関係、キャリア、財産などについてよく調和させ、１つひとつのアファメーションが互いに矛盾しないようにする

⑩リアルなものにする
アファメーションの中にゴールを達成した自分自身が見えるくらい、リアルな記述にする

⑪秘密にする
あなたの個人的なアファメーションのほとんどは、誰かと共有する必要はありません

「自分らしい」

未来を変えていく作業は、確実に、効果的に行うことが大切です。そうしなければ、せっかくのゴール設定も、単なる「すばらしいアイデア」に終わってしまいます。

気をつけなければならないのは、創造的無意識の存在です。創造的無意識は、私たちの生命を守るために安全な状態を維持しようとします。安全な状態とは「現状」にほかならず、創造的無意識は、私たちに現状を変えさせないように働きかけるのです。

ですから、科学的な方法を慎重に、確実に実行し、逆に創造的無意識を味方につけるようにしなくてはなりません。

まず、ルールに基づいて書き上げたアファメーションを、毎日少なくとも2回声を出して読みます。最も効果的な時間帯は、夜の就寝前と朝目が覚めた直後です。

就寝前は、脳波が、アルファ支配やシータ支配になりやすい時間帯です。アルファ波やシータ波が出ている時は、意識へのアファメーションの刷り込みが効果的に行えるのです。

手順としては、まずアファメーションを読み、目を閉じます。次に、アファメーションに書かれたイメージを思い浮かべます。

未来のリハーサルで学んだように、それが**実現した時のうれしさや充実感などの感覚を引き出します。**実際に感じるであろうわくわくした感情をじっくり味わうのです。

このプロセスを、1つひとつのアファメーションに対して、1回ずつ行っていきます。「ワーズ、ピクチャー、エモーション」の順です。

Unit 19

さらに先のゴール

ゴールを、さらに先の未来に設定しましょう。
ひとたび目的地にたどりつくと、私たちは活力と
エネルギーを失ってしまうのです。
よく言われるように、目標を成就するか目標をあきらめた人は、
18カ月以内に死んでしまうかもしれません。
現状を超えたところにゴールを設定することによって、
あなたのゴールを継続的に更新していくことが必要です。
今のゴールに近づいていく間に、あなたの現状は
そのゴールの世界を含んだものに変化します。
すると、ゴールの現状の外側に新しいゴールを探すことが
必要になります。こうしたプロセスを続けていくと、
今までずっとスコトーマによって隠されていた本当のゴールを
発見することでしょう。あなたが本当に到達したいと欲しているのは、
自分にはわからない何かなのです。

ゴールが見えてくると…

現状とゴールの世界との隔たりが大きいほどエネルギーが生まれることは、ユニット10でも少し触れました。それは、輪ゴムを引っ張った時と同じことです。

別の言い方をすると、あなたのマインドの容量は、ゴールの高さそのものです。そして、ゴールの高さによって、コンフォートゾーンの大きさが決まります。

マインドにあるイメージや「物事はこうあるべきだ」という概念が、あなたの現状のコンフォートゾーンを維持するのに必要なエネルギーを、過不足なく生み出すのです。このエネルギーが、ゴール達成の原動力です。

したがって、現状のコンフォートゾーンを大きく広げることなしに、大きなエネルギーは生まれません。しかし、ゴールが近づいてくると、現状とゴールの世界の隔たりが縮まり、輪ゴムの引っ張る力が緩んで、エネルギーが不足してきます。

大きく広げたはずの現状のコンフォートゾーンも、ゴールが近づけば、小さくなっていきます。現状とゴールの世界の隔たりがなくなっていくのですから、当然です。

その結果、何事においてもそうですが、ゴールが達成できると思えるようになると、やる気が薄れてくるのです。

さらに新しいゴールを設定する！

そこで、輪ゴムのテンションを維持することが、たいへん重要な問題になります。

エネルギーの増減のメカニズム

**現状とゴールの世界との隔たりが
大きいほどエネルギーは生まれる！**

しかし

エネルギーはゴールが近づいてくると
小さくなっていく！
なぜなら、現状とゴールの世界の隔た
りがなくなるから

ポイント

ゴールが近づくと、その時の現状がゴールの世界を飲み込んでしまいます。

すると、テンションがなくなり、エネルギーが出なくなるので、ゴールを達成することができなくなります。

そのための方法は、ゴールをさらに先の未来に設定することです。ゴールが近づいてきたら、さらに新しいゴールを、さらに高くて遠いゴールを設定するのです。

つねに輪ゴムにテンションが生じ、エネルギーが生まれるよう、ゴールが近づけばさらにその先へ、ゴールの設定を発展的にリセットし、更新していくことが必要です。

もちろん、新しいゴールへと更新する時に、かつて描いたゴールのようにあらゆる状況を大きく変化させる夢を描かなくてはならないということではありません。特に発展させたいと望む分野で、その先の地平線を見てやろうと考えればいいのです。

そして、ゴール設定の更新を続けていくと、今までスコトーマによって見ることのできなかった本当のゴールの存在が見えてきます。

それは、あなたが本当に求めている何かであり、あなた自身が知りえなかった何かです。それを見てみたいと、あなたは思いませんか？

Unit 20

バランス

あなたのゴールは、あなたの人生において
バランスがとれたものでなくてはなりません。
仕事、家庭、健康、等々…。

幸福とは何か？

あなたは、人生に何を求め、何を手に入れたいのでしょうか。

「何が私に幸福をもたらしてくれるのか？」と自分に問いかけてみてください。

人生で何を手に入れたいか、一言で言えば、幸福に違いありません。

しかし、幸福とは何か、考えると、それがわからなくなるのが人間というものです。

その昔、ギリシャの哲学者は、幸福を次の4つのレベルに分けて考えました。

①基礎的な（本能を満たすための）幸福

完全に満たされることのない激しく即物的な幸福。食欲や性欲など。薬物依存者が薬物に求めるのもこのレベルの幸福。この幸福を求めようとすると「強迫観念」に襲われる。

②競争からもたらされる幸福

他者より優れたものをより多く所有したり、他者より優位に立つことで得られる幸福。他者を追い落とすことで得られる幸福。競争原理の観点からはメリットがあるが、独善的となる。

③奉仕することで得られる幸福

他者の幸福や成功から得られる幸福。

④至福の境地

完璧《かんぺき》かつ究極及び、正義、真実、愛など人間のレベルでは得ることができないと考えられている幸福。

なかなか含蓄があり、面白い内容なので引用してみましたが、これを見ても、何か1つのことで幸福が得られるものではないということがよくわかります。

幸福のバランスとは？

基礎的な（本能を満たすための）幸福

完全に満たされることのない激しく即物的な幸福。食欲や性欲など。薬物依存者が薬物に求めるのもこのレベルの幸福。この幸福を求めようとすると「強迫観念」に襲われる

競争からもたらされる幸福

他者より優れたものをより多く所有したり、他者より優位に立つことで得られる幸福。他者を追い落とすことで得られる幸福。競争原理の観点からはメリットがあるが、独善的となる

奉仕することで得られる幸福

他者の幸福や成功から得られる幸福

至福の境地

完璧かつ究極及び、正義、真実、愛など人間のレベルでは得ることができないと考えられている幸福

ポイント

幸福は人生のあらゆる側面にバランスがとれたゴールでもたらされる。

バランス

私たちがふつうに考える幸福は、①から④までの内容がほどよく混ざり合ったものではないでしょうか。

ゴールを設定するうえで、この点を考慮することはとても大切です。それは職業や地位、収入だけで構成されるものではないからです。

TPIE®では、バランス・ホイール（バランスの輪）と言いますが、職業があれば家庭があり、家庭があれば地域があり、もちろん自分の精神性や健康もあるはずです。

企業人であれば、リタイア後のこともないといけないでしょう。要するに、**職業上だけのゴールではダメで、バランス・ホイールを程よく満たすことを重視しています。**

したがって、職業上のゴールはもちろん、必ず家庭内のゴールも設定します。地域の中で何ができるかという社会のゴールや、もっと勉強したいなど自分自身の精神性のゴールも設定します。

もちろん、余暇をこう過ごしたいというゴールや、老後はこうなりたいというリタイア後のゴールも設定します。

人生のいろいろな方向性に対して、まんべんなくゴールを設定するということです。

このように、分野ごとにアファメーションをつくることになると、集中力が分散してしまうのではないかと思うかもしれませんが、決してそうではありません。

バランスがとれたゴールである方が、むしろ無意識を活性化し、**すべての分野で成果を**

バランス・ホイール

あなたが変化させたいと思っていることを記入してください。

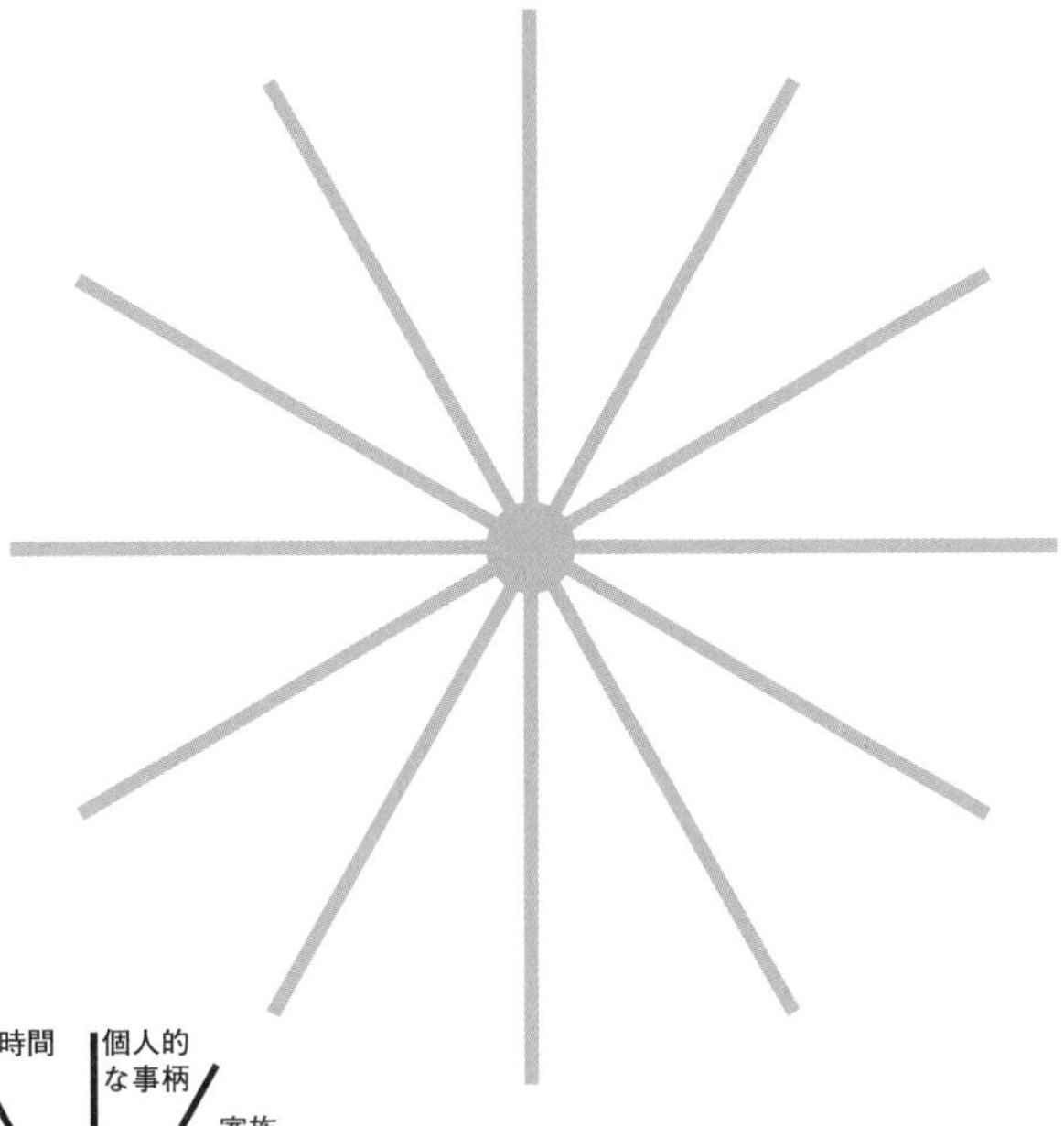

(例)

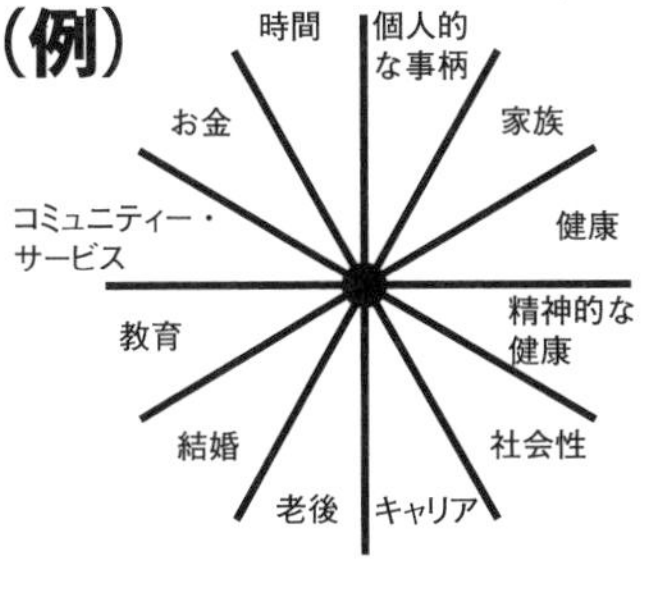

上げる方法が見つかるよう機能するのです。

ゴールは いくつあってもいい！

繰り返しますが、複数のゴールを設定してはいけないということではありません。同時に8つゴールを設定し、8つのアファメーションを別々に唱えてもいいのです。

ただ、齟齬《そご》を生まないという意味で一番単純な方法が、そのすべてを包含したセルフ・イメージの世界をゴールとしてつくり上げればいいということなのです。

1つのゴールに、人生のさまざまな要素がバランスよく含まれていることは理想的といえます。

あなたのゴールは何ですかと聞くと、たいていの人が偏ったゴールを思い描いていることがわかります。

たとえば、「プロ野球選手になること」などです。

職業はゴールに成り得ません。どんなプロ野球選手になりたいかはゴールになります。

またバランスが必要です。プロ野球選手になって社会に貢献すること、あるいはプロ野球選手になって家族を幸せにすることなど、すべてが入っていなければいけません。

人生のさまざまな方向性に対して、具体的なイメージが加えられてこそ、高いエフィカシーも、未来の記憶も、アファメーションも、より効果の高いものになります。

つまり、ゴールの世界のリアリティーも強めやすいのです。その意味からも、ゴールをバランスのとれたものにすることはとても大切なことです。

Unit 21

さらなる夢に向かって

現在の夢のさらにその先へ。

あなたが設定するゴールは最初、あなたの会社のゴールと一致するに違いありません。しかしながら、ゴールをさらに先に設定することによって、またあなたのコンフォートゾーンをより高みにシフトすることによって、あなたは、あなた自身とあなたの会社にとって、前例のない新しいゴールを見出すことができるでしょう。

あなたは、現在のリアリティーの先を見ることができるし、周りの人々を現在のリアリティーの先に導くことができるでしょう。

なぜなら、過去の重要なことによってつくられたスコトーマを打ち破ることになるからです。

現在のリアリティーから覚醒しましょう。

未来しかコントロールできない！

人間がただ1つ自在にコントロールできるものは、未来です。

私たちは、過去をコントロールすることはできません。現状は、考え方次第でコントロール可能でしょうが、結局それは現状を維持することにつながります。もし、私たちの力で変えることができるとすれば、それは未来なのです。

今、あなたが設定したゴールのバランス・ホイールのうち、自分のキャリアについては、今いる組織の中での成功が入っているはずです。

もちろん、最初はそれでかまいません。人間は、自分ができると信じられないことを欲することはありません。人間が潜在的に持っている力、自分自身に対するブリーフが、その人の夢の大きさを決めてしまうからです。

しかし、人間の夢は、その人の成長とともに発展していきます。ルー・タイス・プリンシプルでいう「昨日までの夢は、今日の必需品になる」ということです。成長とともに、私たちは新たな夢を描けばいいのです。

したがって、ゴールに向かって前進し、ゴールに近づいていると実感するならば、さらにその先にあるゴールを探すことが必要です。そして、設定したゴールの先にある新しいゴールを見つけたら、その時はゴールを更新してください。

新しいゴールに合わせて、もっとコンフォートゾーンを広げていくということです。そうすると、さらにその先に、もっと新しいゴールが出てきます。

このようにしてコンフォートゾーンを上げていくと、あなたが勤める企業の中の誰も気がついていなかったゴールが見えてくる可能性が出てきます。

誰も気がついていなかったとは、たとえばホンダが二足歩行ロボットを初めて開発製造したとか、簡単には想像がつかないようなゴールのことです。

それは、自分にとっても企業にとっても、すばらしいことであるに違いありません。

その意味においても、**自分のゴールをさらにその先に設定することがとても大切**なのです。もちろん、その結果、会社を辞めることになるのであれば、それはどうぞご自由にということです。

リーダーをつくる!

ユニット21の目的は、リーダーをつくるということです。

今の会社でキャリアを築こうとしているあなたにとって、ゴールを設定するということは、会社のゴールに合致したゴールを設定するということです。会社のゴールに制約される以上、それはリーダーではありません。

しかし、ゴールのさらに先にゴールを設定することができれば、それは文字通りリーダーです。なぜなら、さらに先に設定したゴールに向かって、あなたがほかの人を引っ張っていくことになるからです。

それは会社にとっても、うれしいことです。たとえば、トヨタであれば、新しいトヨタをつくることができる人に幹部になってもらいたいはずです。そのために会社は、つねに新しい未来をつくり出せる人材を求めています。

つまり、新しい未来をつくり出せる人とは、新しいゴールをつくり出せる人、ここで言うリーダーということです。

ですから、最初は会社と自分のゴールが合致しています。もちろん、そのゴールは現状では達成できないゴールです。そして、そのゴールのさらに先を行くゴールを設定すると、もしかすると今の会社のゴールとは異なるものになるかもしれません。

すると、今度は会社がそのゴールを共有するように変わるしかありません。

当然のことですが、昨日までの会社がどうであるかということは、関係ありません。

もし自分が社長になったら、次をどうするかは、自分が決めるのです。

いきなりトヨタが、今日からクルマをつくるのはやめました、明日からは太陽電池で動く自転車をつくります、と変身を遂げてもいいわけです。

さらに先へ会社を引っ張っていくリーダーになるということは、最初は会社に合致しているゴールのさらに先にゴールを設定することによって、会社さえも進化を遂げ救われるということです。

会社にいるすべての人は、過去が決めている、今何が重要かというスコトーマの中にいます。会社にとっても、それが現状ということです。

しかし、あなたがゴールのさらに先にゴールを設定することによって、**自分だけでなく**

リーダーを目指す！

ゴールに近づいていると実感したら
さらにその先にあるゴールを探す

↓

設定したゴールの先にある新しいゴールを
見つけたら、ゴールを更新する

↓

コンフォートゾーンが上がる！

↓

誰も気がついていなかった
ゴールが見えてくる

↓

リーダーにふさわしい
自分ができる！

周りの人のスコトーマをぶち壊し、新しい認識を生み出します。

つまり、さらに先のゴールを設定する結果、現状という現実世界から、世の中の人を目覚めさせるリーダーが生まれてくるということです。

ＴＰＩＥ®とは、そのようなリーダーを生み出すためのプログラムにほかならないのです。

<ＴＰＩＥ® を体験された方々の声>

「見逃してしまっている『無数のビッグ・チャンス』を認識できました」

（増元浩さん）


「TPIE® やＰＸ２を学んだ大人や子どもたちが増えれば、どんなアイデアや発明が飛び出すことか。地球の未来は明るいと思います」

（天野えり子さん）


「一時的な目標達成や問題解決だけではなく、一生使える考え方・技術となっている」

（東海林正行さん）


「今まで様々なプログラムを使ってみたけど、うまくいかなかったあなたにこそ使っていただきたい」

（石原健治さん）


「ルーさんや日本に紹介した苫米地さんに感謝！」

（北川浩士さん）


「堂々と自信と希望に満ちた日々が送れるようになりました」

（谷口健さん）


「常に抽象度の高いゴール設定と既にそこにいる自分とを意識し続けることができるようになりました」

（荒井忠幸さん）


「今までいろいろなセミナー、ワークショップに参加しましたが、最高の内容と大変充実した２日間でした」

（大前好弘さん）


「究極のゴール設定をして、日々アファメーションとビジュアライゼーションで臨場感を上げ続けるだけで、驚くような現実が目の前に現れます」

（青波勇人さん）


「自分自身の認識を自覚することで、今までと違う可能性がみえてきました」

（松岡しょう子さん）


「TPIE® は，私に新たな思考と積極的な行動を支持する方法を訴えかけてくれました」

（森宏威さん）


「受講後、約半年経過しますが、アファメーション通りに人生が進んでいます」

（今藤信介さん）


「本質だらけの中身にびっくりです」

（二神匠舗さん）


「自分も変わりますがまわりも変わります。すごいの一言です」

（河野明さん）


「スコトーマが外れるたびに世界の素晴らしさが実感でき、平凡な一日などないことに気づかされています」

（高森寿彦さん）


「かつていろんな自己啓発系のセミナーに参加したことがありますが、間違いなくナンバーワンの講座であることを保証します」

（長澤大輔さん）

〈著者プロフィール〉
苫米地英人（とまべち・ひでと）

脳機能学者・計算言語学者・分析哲学者・実業家。上智大学外国語学部英語学科卒業。その後、2年間の三菱地所勤務を経て、フルブライト留学生としてイエール大学大学院に留学。その後、コンピューター科学の分野で世界最高峰と言われるカーネギーメロン大学大学院に転入。計算言語学の博士号を取得(日本人初)。イエール大学・カーネギーメロン大学在学中、世界で最初の音声通訳システムを開発し、CNNで紹介されたほか、マッキントッシュの日本語入力ソフト「ことえり」など、多くのソフトを開発。
帰国後、三菱地所の財務担当者としても活躍。自身の研究を続ける傍ら、1989年のロックフェラーセンター買収にも中心メンバーの一人として関わった。その後、徳島大学助教授、ジャストシステム基礎研究所所長、通商産業省情報処理振興審議会専門委員等を歴任。中国南開大学客座教授、全日本気功師会副会長。現在、株式会社ドクター苫米地ワークス代表、コグニティブリサーチラボ株式会社CEO、角川春樹事務所顧問、米国公益法人The Better World Foundation日本代表、米国教育機関TPIインターナショナル日本代表、天台宗ハワイ別院国際部長。また、オウム真理教信者の脱洗脳や、国松警察庁長官狙撃事件で実行犯とされる元巡査長の狙撃当日の記憶の回復など、脱洗脳のエキスパートとしてオウム事件の捜査に貢献。現在も各国政府の顧問として、軍や政府関係者がテロリストらに洗脳されることを防ぐ訓練プログラムを開発・指導している。近年は、同時通訳者としての経験や脳機能学者・計算言語学者としての見識から生み出した「英語脳のつくり方」プロジェクトが大反響を呼んでいるほか、本業のコンピューター科学分野でも、人工知能に関する研究で国の研究機関をサポートするなど精力的に活躍。

自己啓発や能力開発の分野における世界的権威ルー・タイス氏とともに、米国認知科学の最新の成果を盛り込んだ能力開発プログラム「PX2」の日本向けアレンジに着手。日本における総責任者として普及に努める。一方、格闘家前田日明氏とともに全国の不良たちに呼びかけた格闘イベント「THE OUTSIDER」を運営。また、全世界放映の「ディスカバリーチャンネル」や「明日使える心理学！テッパンノート」(TBS・毎日放送系列)など多数出演。著書に『フリー経済学入門』『まずは親を超えなさい！』『残り97%の脳の使い方』『頭の回転を50倍速くする脳の作り方』『脳と心の洗い方』『英語は逆から学べ!』『英語は逆から学べ！実践トレーニング編』『英語は逆から学べ！上級トレーニング編』『英語は逆から学べ！英会話トレーニング編』『なぜ、脳は神を創ったのか？』(以上フォレスト出版)などがある。

＜最新情報は苫米地英人ブログにて＞　http://www.tomabechi.jp/

コンフォートゾーンの作り方

2010年8月29日　　初版発行

著　者　苫米地英人
発行者　太田　宏
発行所　フォレスト出版株式会社
〒162-0824 東京都新宿区揚場町2－18　白宝ビル5F
電話　03-5229-5750（営業）
　　　03-5229-5757（編集）
URL　http://www.forestpub.co.jp

印刷・製本　日経印刷（株）

ISBN978-4-89451-413-3　Printed in Japan

脳機能学者 苫米地英人のベストセラー！

人生を思い通りにする！「脳と心」を洗う２つの方法

残り97%の脳の使い方

15万部突破！

苫米地英人　著
定価 1575 円（税込）
ISBN978-4-89451-323-5

多くの人が 3%しか脳を使っていない！
だから脳は衰えない！老いない！

「クリティカルエイジ」を克服する加速勉強法　ダ・ヴィンチ・プログラム

頭の回転が50倍速くなる脳の作り方

苫米地英人　著
定価 1365 円（税込）
ISBN978-4-89451-264-1

「大人の脳の学習」を妨害する
クリティカルエイジを克服すれば「お金」と
「時間」が倍増する！

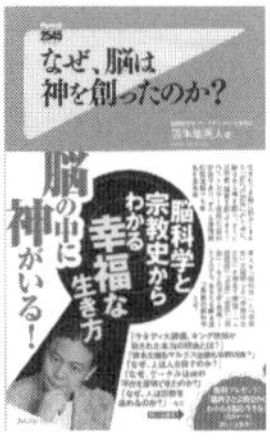

脳科学と宗教史からわかる幸福な生き方

なぜ、脳は神を創ったのか？

苫米地英人　著
定価 945 円（税込）
ISBN978-4-89451-815-5

「人間関係」「お金」「病気」「将来」…などの
不安・恐怖・トラブルから、あなたを解き放つ
最新の脳科学がわかる！